ブランド道

未来を切り開く30のブランディング実践例

安藤　竜二

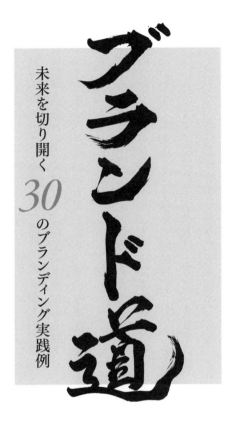

まえがき

――ブランドとは、消費者との約束の証。

僕はこの言葉に出会い、ブランドとは何かを考えるようになりました。今から二〇年ほど前、材木屋時代に自分で生み出した商品を、「価格」ではなく「価値」で売れる商品にしたいと思いました。価格に振り回されるのではなく、商品の本質にある魅力やこだわりを発信して、本来あるべきお客様に本来あるべき価格でものを売る。それを実現しようと思った時に出会った言葉がこの言葉でした。

当時、家具ブランドの立ち上げに伴い、僕の初めてのブランドづくりが始まりました。当時僕は、たくさんのブランドづくりに成功した先人達の本を読み、一つ一つ手探りでブランドづくりを行っていったのです。本来あるべき価格で商品を売りたい。そう思い、やれること、思いつくことは全て実践したのです。脳みそ千切れるほど考え、そして行動したのです。価格が安いから売れているのではなく、商品の魅力を分かりやすく伝えることにより、たくさんのお客様をつくれるということ。商売をする時にはそのもののストーリーを伝え、その魅力を理解してくれる人たちに商品を売ろうと。そうしたらお客様自身が喜んでくれて、その方たちが口コミをして広げてくれるという現象がつくれるということに気づいたのです。

ブランドというものは価値を感覚として発信するのではなく、ちゃんと見える化してその価値を磨き、それを伝える相手をしっかりと見据えて、その人に伝わる言葉で発信していくことが重要なのだと分かりました。そうした努力をし続けることが大事で、そうしたことをやっている方達というのが、地方からでも小さな会社でも自社の商品や魅力を発信し、価格ではなくて価値で売ることができる人だと思うのです。

そのお手伝いをすることを、僕は一つの「道」として極めたいと、このDDRという会社をやってきました。気がつけば一五年の歳月が過ぎ、延べ五〇〇社以上の中小企業で商品やサービス、そして会社のブランド化をお手伝いしながら、一〇〇〇回を超えるセミナーや講演を通じて、たくさんの方に「中小企業だからこそできるブランドづくり」について発信をしてきました。

バブルがはじけて、リーマンショックや震災、そしてコロナと、日本だけでなく世界が今大きく変わろうとしている中で、その変わりゆく社会の声に耳を傾け、変化に合わせて自分たちの価値を発信し続けること、そうした「道」を極めようと邁進している人たちが僕の周りにはたくさんいます。彼らの生の声を、今だからこそ皆さんに広く伝えていきたい。そう思ってこの本にまとめました。そうした「道」を極める人たちの声が、価格でなく価値で売ることに興味ある皆さんにとって、自分たちのブランドの「道」を極めるヒントになればと思います。

目　次

――岡崎と言えば徳川家康と八丁味噌。そう言われるほど、八丁味噌は岡崎を代表する地場産業として広く認められている。岡崎城から西へ八丁（約八七〇メートル）のところにある味噌蔵で造られているから「八丁」の名が付いた。大豆と塩を巨大な杉桶に仕込み、その上に石を積み上げ、二夏二冬。その製法は代々変わることがなく、古くから旧東海道を挟んで向かい合った「まるや」と「カクキュー」の二社のみによって造られ、その伝統を守り続けている。

留学時代の経験を生かして

仕事で全国を回っていると、八丁味噌の知名度の高さには本当に驚かされるのですが、そもそもいつからある、どんなお味噌なんですか。

浅井信太郎（以下浅井）　弊社の創業は一三三七年（延元二年）、現在の岡崎市八帖町にて醸造業から始まったと伝えられていますが、「八丁味噌」と呼ばれるようになったのは江戸時代からと言われています。原料は大豆と塩のみ。添加物は一切使用しません。それを高さ約二メートル、直径約二メートルある巨大な杉桶に仕込み、その上に四〇〇～五〇〇個、約三トンもの石を円錐状に積み上げ、二夏二冬（二年以上）寝かせるという伝統製法を頑なに守り続けています。一般的な味噌に比べると、時間がかかっているんですよ。水分含有量が少なく、独特の濃厚な風味と酸味があるのが特徴です。

六八〇年以上もの歴史がある「まるや」さんですが、企業がこれほど長く続く秘訣は何なのでしょうか。

浅井　旧東海道を挟んで向かい合った「カクキュー」と「まるや」の二社によって造られ、お互いが時に協調し、時に切磋琢磨しながらその品質を高め合う努力をしてきたので、長い歴史の中で生き残ってこられたのだと思います。

また、弊社には「家訓」といったものは残っていませんが、三つの信念があります。(一)質素にして倹約を第一とする(二)事業の拡大を望まず継続を優先する(三)顧客や従業員との縁と出会いを尊ぶの三つ。これが秘訣と言えるかもしれませんね。

一〇〇年間で八%以上の企業、そして伝統や文化は、何もしなければ淘汰されてしまうと言われます。それは一〇〇年の中で、例えば戦争があったり、赤味噌しかなかった地域に白味噌が流通してきたり、和食だった朝食に洋食文化が流入してきたりと、状況を激変させるような出来事が起こるから。その中で生き残っていく企業というのは、内にも外にも常に新しいことにチャレンジしている企業。伝統企業ということに胡坐をかいていては、築き上げてきた伝統があっという間に崩れてしまいます。

「まるや」さんと言えば、有機大豆を使った八丁味噌でも有名ですよね。

浅井　伝統の製法を守りながらも積極的に新しい挑戦をしていかないといけない中で、特に私が入社当時から、社内の反対にあいながらも力を入れてきたのが「有機」。一九八〇年代、まだ有機という言葉が一般的に認知されておらず、他の企業が目をつけていませんでしたが、弊社では有機栽培の大豆を使った八丁味噌を造り、国内ではなく、オーガニックの関心が高まっていた海外へ全て輸出していました。一九八七年、アメリカ有機食品認定機関ＯＣＩＡの認証を取得。ヨーロッパ有機認証機関（ＥＣＯＣＥＲＴ）、厳しい食品規律を持つユダヤ教のコーシャ（Ｋｏｓｈｅｒ）の認証も受けています。その監査も海外からやってくるので大変でしたが、その継続の甲斐あって、日本で有機ＪＡＳの制度ができた時には、すでに弊社には多くの実績があったんです。現在でも毎年相当量の輸出をしているんですよ。

なぜ有機にこだわるようになったのですか。

浅井　二四歳の時、ドイツに留学したのですが、その時現地で出会った人達の影響が大きいですね。就職してサラリーマンになり、日々同じ生活の繰り返しでいいのだろうかという、日本で生活することへの閉塞感、世界を見てみたいという欲求に駆られ、憧れであったドイツの地を踏むことに。それを認めてくれた環境、両親には感謝しなければいけませんね。
当時は固定レート、一ドル＝三六〇円の時代。物価が高くて生活は苦しかったですが、ドイツの人達の生活も、決して派手なものを好まず、質素倹約、冷静沈着といったイメージだったのがとても印象的でした。高度経済成長期を迎えていた日本と違い、実に淡々とした暮らしぶりだったのです。そして一〇年後二〇年後に訪れてみてもほとんど変わらない風景がありました。この普遍的で質素なドイツのスタイルは、私が会社の中で生かしていこうと目標にしているもの。どんどん新製品を作るのではなく、今あるものを生かす、という考え方もそうですね。

有機との出会いは、現地で日本食を普及させようとしていた人達や、医学を志してドイツに渡り、マクロビオティック※を研究していた人にお会いしたことがきっかけでした。特にアカデミックな人ほど、日本食やオーガニックの素晴らしさを認める人が多く、彼らが真剣に討論している姿や、その内容に大変共感を得たのです。今後、日本でも有機栽培やマクロビオティックが注目される時代がきっと来る、そう確信しましたね。

「海外」と「地元」で挑戦

文献などからではなく、社長の実践や経験が現在の行動の原点になっているのですね。ドイツでの経験が積極的な海外進出の基盤になっているようですが、そもそも輸出はいつからやられていたのですか。

※ 本来人間が持っている自然のバランスを取り戻すことを目的とした食事療法

浅井　一九一四年の新聞記事には「赤道を超え航行中腐食せず、ブラジルの酷暑にも味が変わることが無かった」と記載されています。一九六八年には本格的にアメリカへの輸出を始め、翌年にはヨーロッパへも。私が入社する以前ですが、実際に北欧でまるやの味噌が売られているのを見たこともありました。現在では世界二〇カ国で販売しています。ニューヨークでは在留の日本人をターゲットとすることもありますが、基本的には現地の方に買っていただくことを狙いとしています。八丁味噌のこだわりを理解してくれる方、健康に気を遣う方、「日本の伝統」として認めていただける方に買っていただけるよう努力しています。

一般的に、「海外進出」というと現地に工場を作ったりするものですが、弊社では有り得ないこと。岡崎城から八丁離れたこの味噌蔵、この杉桶で造るからこその八丁味噌。事業の拡大よりも継続していくことが優先なんです。

「まるや」さんには海外からも多くのお客さんが訪れますが、浅井社長自身もよく海外を訪れていますよね。そ

のバイタリティの強さには感服してしまいます。

浅井　毎年二月は単身渡米し、極寒のニューヨークで自分で作った味噌汁をポットに入れ、レストランに八丁味噌を提案するため渡り歩く、ということもしているんですよ。二月は観光客が少ないので、シェフも話を聞いてくれるんです。特に味噌汁にしてほしいわけではなく、イタリアンやフレンチのシェフのセンスで、八丁味噌を素材として、どう生かしてくれるのか。そこに期待しているんですね。ちなみに私は、海外では「ＭＲ ＨＡＴＣＨＯ」の名で通っているんですよ（笑）。

海外戦略を進める一方で、地元三河をテーマに行っているプロジェクトもありますよね。

浅井　二〇〇七年、三河産大豆と奥三河の天然水で仕込む「三河プロジェクト」を始めました。大豆は西尾のマルミファームの協力で生産された大粒一等大豆、フクユタカを使用。実はこの大豆を生産している杉浦さんは私の学友なんですよ。そして、水には岡崎の保久町でこだわりの地酒を造っている柴田酒造場の柴田社長との出会いから、硬度三の超軟水である井戸水（神《かん》水《ずい》）を提供してくださっています。人と人との出会いによって生まれたプロジェクトなんですよ。

そして安藤さんとご一緒させていただいていた「サムライ日本プロジェクト」。三河国の武士として、三河を代表する各業種のメーカーさん達と、横の繋がりを持たせていただき、大変刺激になっています。パッケージにサムロックキャラクターを載せていますが、漫画を載せたのは六〇〇年の歴史の中でも初めてでしたね。おかげさまで新しい市場、チャンネルに商品を発信するきっかけができました。

八丁味噌というと名古屋を連想されることも多いですが、地元に感謝し、岡崎の地場産業として、今後も地元をテーマにした活動にも力を入れていきたいですね。

六〇〇年の伝統の上に立つ浅井社長の人間的な魅力、マンパワーが「まるや八丁味噌」さんの強みですね。最後に今後の展開、夢をお聞かせください。

浅井　一九九五年（平成七年）に「カクキュー」さんと「八丁味噌協同組合」を発足し、味噌の品質、伝統の維持、文化の発信をテーマに共同で活動を行っています。若い世代や全世界に八丁味噌を発信するため、今後も二社の繁栄を期待しています。

どんな老舗でも、一番働いているのは社長でなきゃいけません。そして、社員みんなが満足感と公平感を味わうことが大切で、そのための環境作りも私の仕事の一つです。今後は社員にも海外に行って、様々な経験を積み、やりがいを感じてもらえる、そんな環境を作っていきたいですね。

そして、伝統企業の一大テーマである事業承継。今現在の成功だけを見るのではなく、次の世代がうまくいくための環境を作り、企業としていい状態で継承するのが私の義務ですね。伝統を守る、そのためには攻め続けることが必要。先代が脈々と築き上げてきた伝統を未来へ繋いでいくため、精進していきます。

あほな奴ほど成功する。

――名古屋市内で七坪の居酒屋をオープンして以来、様々なスタイルの飲食店を手がけ、現在一八店舗を展開する奥志摩グループ。経営者として、人として楽しく上手くいっているのは、この考え方で生きてきたからだと、自らの幸せを裏付ける「成功の法則」を、あらゆる人に向けて伝え広めるべく、講演活動を精力的に行う中村文也に迫る。

まずは文也さんの若い頃の話から伺えますか？

中村文也（以下中村）　僕は三重県の南伊勢町という漁師町で生まれ育ちました。過疎化が進んでいる今も、町の漁獲高は愛知県全体の漁獲高よりも多いのだそうです。そんな漁師町で、幼い頃は貧乏だったこともあり、早く都会に出てお金持ちになりたいと思っていました。その頃の僕にとって都会というのは名古屋のことで、高校を卒業すると一八歳で名古屋に出てきました。

お金持ちになることが目標でしたから、より良い収入を求めて仕事を次々と変えていました。お給料で選んだ仕事ですから、好きでもないし楽しくもない。当然ながら続くわけもなく、気づけば四年間で一二種類の職を転々としていました。一二個目の仕事も二ヶ月で辞めるつもりでしたが、いろんな理由があって続いたんです。それが接客業でした。どんなお客様にも喜んでもらえるように、たくさんの人から分け隔てなく好かれるように、常に親切を心がけてサービスしていたら、自然と結果がついてきました。

持ち前のサービス精神と話術を発揮して、天職を見つけたのですね

中村　それでも同じ場所で働き続けるつもりはありませんでした。その仕事も三年と決めて、お金を貯めたら自分で何か始めるつもりでした。それが、次は何をしようかと考えてもなかなか浮かんでこない。そんな時にたまたま入った居酒屋で、愛想もなく料理を持ってくるだけの接客をされた時、すごく疑問を感じました。「なぜ会話もしないの？　友達みたいに接したら、みんなリピーターになってくれるのに」と不思議に思いました。きちんと接客すれば、お客さんは自分のところに帰ってきてくれるんだから、そんなスナックみたいな居酒屋をやろうと思いました。それで二五歳の時、一九八三年に一号店を一人でオープンしました。

お店を開くにあたって、料理の修行などはされたのでしょうか？

中村　それが料理は全くできないのに勉強もせず、料理人を雇うこともしませんでした。最初は自分でもできそうな簡単な料理だけを出して、あとはお客さんたちに教えてもらいながらメニューを増やしていったんです。料理はど素人であることをさらけ出して、知ったかぶりなどせずに、お客さんのいろんな声を聞きました。

お客さんがメニューに欲しいと言った料理は、「明日には絶対に出します！」と言って、メニューに加えました。次にそのお客さんが来た時には「本当にメニューにしてくれたんだ」と喜んでくれます。自分が美味しいものを教えてあげたという満足感にも繋がるようです。お客さんの中には板前さんもいましたから、僕にでもできる一品を教えてもらい、それを食べてもらっては意見を聞いて、改善して、そうしてお店のメニューが出来上がっていきました。現在は故郷である漁師町の「南伊勢町」を全面に出し、伊勢直送の素材をふんだんに使いな

がら、伊勢志摩の郷土料理も豊富に揃えています。故郷に恩返しするような思いですね。

文也さんの人柄あってのお店となると多店舗展開しづらいように思いますが、どのようにしてお店を増やしていったのでしょう？

中村　お店を作る時というのは、絶対に喜んでもらえるという自信がある時で、そこに〝僕がいてこそ〟という考えはありません。「この料理は絶対に喜ばれる」とか「こんなお店があったらこの街に喜ばれる」とか、そう思ったらワクワクしてやりたくなるんです。ただ、少しでもモヤモヤする何かがあれば「それって、お前の〝我〟なんじゃないの？」と自分に聞いてみるんですね。今振り返ってみても、上手くいかなかった店というのは、やっぱり自分の我で進めたところがあったように思います。

あとは、「こんなお店なら喜ばれる」と思った時に、それを全部自分でやろうとせずに、人に任せること。人に任せることができない経営者は、なかなか二軒目をオープンできないと言います。また、店舗が増えるにつれて社員と社長の距離も遠くなっていきますが、僕の場合は社員のみんなと毎日顔を合わせられなくなってきた時、僕から毎日何かを発信すれば社長を身近に感じてもらえると思って、日々自分が思うことや感じたことをメッセージにして毎朝配信するようにしました。書いている内容は立派なことではなくて、自分の弱みもさらけ出します。「そんな社長を支えてやろう」と思ってもらえたら嬉しいし、それを読むことでそれぞれが自分を振り返ったり、何か気づきがあって幸せになってもらえたらいいなと思っています。

二〇〇七年からスタートしたこの配信は「深いい話」として、今や二万人が登録するFacebookで発信されています。

中村 社員に向けたショートメールでの配信から、徐々に友人や飲食店の経営者たちにも「深いい話」として広まっていきました。この配信を始めて、会社は確実に良くなっていったと思います。そして「深いい話」の輪が広がっていくにつれ、もっと世の中に向けて発信したいと思うようになりました。

思えば、「成功には法則がある」と自覚した二八歳の時から、僕はそうした自分の考えを広めたいと思っていました。子供の頃から貧乏で何もなかった自分が、他の人から見たら不思議なほど人生上手くいっているのは、この法則で生きてきたからだと。こんな考え方で行動すれば何でも思い通りになっていくということを、身を持って体験しているわけですから、それを伝え広めたいと思ったんですね。そのためには、この成功の法則のもとで多店舗展開してさらに自分が成功することで、これを証明しようとも思いました。

見事に実体験から確信した「成功の法則」について、少し教えていただけますか？

中村 ポイントは大きく三つあります。一つめは、「必ず自分はできる！」という自信を持つこと。僕の母はいつも「文也はすごい、何でもできるね！」と褒めてくれました。母が本気で褒めてくれたから「オレはできるんだ！」と思えたし、成功した人はみんなそう思っているんじゃないかと思います。簡単なようでなかなかできないけど、自己肯定感を強く持ち、自分はできると思い込めることが大事です。

二つめは、自分の夢や目標を具体的にイメージすること。漠然とした薄っぺらいものでは意味がありません。その道のりや方法までも細かくイメージするからこそ、「できた！」というところまでイメージが湧いてワクワクするし、イメージ通りにもなります。

三つめは「感謝」。感謝すれば、また感謝するようなことが起こる。これが感謝力だと思います。感謝を常に持っている人じゃないと上手くいかないし、感謝する心を持っているから、運が向いてくるんだと思います。

経営者にとっての「成功の法則」は、一般の人にとっては「幸せの法則」となり、本の出版や講演会も積極的にされていますね。

中村　Facebookで発信し続けている「深いい話」を、本にまと

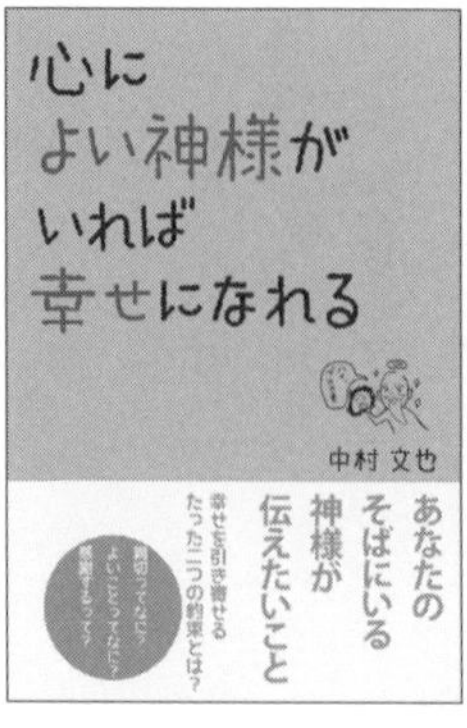

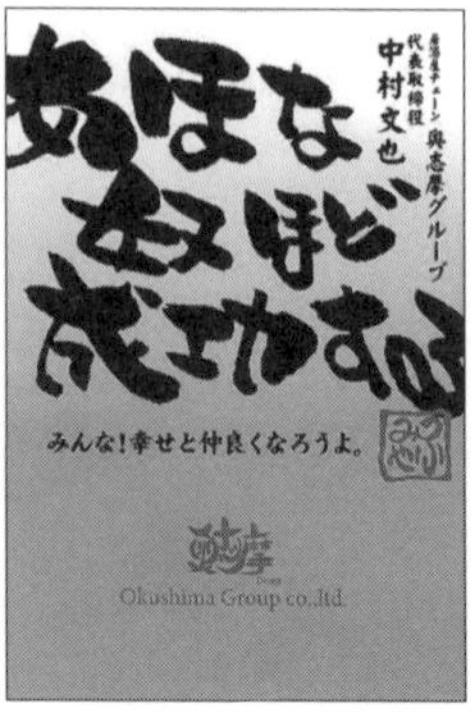

めて欲しいという声があって、これまでに三冊の本を出版させていただいています。『あほな奴ほど成功する——みんな！ 幸せと仲良くなろうよ。』『心によい神様がいれば幸せになれる』『神様だって浮気する：人に親切に楽しく生きる【幸せの3ステップ】』という本です。最近ではありがたいことに講演依頼が増え、企業だけでなく子育て中の主婦の方や、学校などで小中学生に向けて話をさせていただくこともあります。講演のテーマは成功論ですが、こうすれば「成功する」「人生上手くいく」「幸せになれる」。これってすべて一緒のことなんですね。経営者に向けた神様経営トーク、主婦への子育てトーク、学校教師に向けた教育トーク、子供たちへの生き方トーク。どれも根底にあるのは、「人に喜んでもらうと、それを応援してくれる人が出てきて、何かが起こる」。目には見えないものだけど、それが幸せの法則です。人に親切にして喜んでもらうって、当たり前のことだけどなかなかできないもの。でも常に感謝を持って生活することから始めたらいいんです。「この考え方だから上手くいくんだよ」という心の在り方を、とにかくたくさんの人に伝えていきたいですね。

デザインで解決しないものを、
人として解決したい。
センスではない。
「優しさ」「思いやり」こそ。

人と地球と未来をつなぐ「BOSS」

株式会社 神谷デザイン事務所　代表取締役社長

神谷　利徳

KDI Kamiya Design Inc

株式会社 神谷デザイン事務所

〒460-0012 愛知県名古屋市中区千代田 3-24-20

TEL：052-322-7674　FAX：052-322-7675　http://www.kamiyad.jp

――「三千店をデザインした男」「繁盛店請負人」……実に三〇年以上、業界の第一線を走り続けてきた男に付いた肩書きは数知れず。建築デザイナー、神谷利徳。その素顔と、見据える未来に追った。

バーテンダー経験が人生の転機

やっぱり学生時代から建築デザイナー志望だったんですか？

神谷利徳（以下神谷）　もともと建築デザイナーになりたいという発想はなかったんです。絵を描くことが好きでも得意でもなかった。大学は農学部で、今でこそバイオテクノロジーとか注目されていますが、当時は地味な男子学生ばかりでした。あまりにも女の子との接点がなかったので、名古屋国際ホテルの喫茶店でバイトをしようとしたら、なぜか地下のバーに配属されたんです。そこで奥が深いバーテンの世界を知りました。お客さんとの立ち位置、間合い、空気を読むこと。相手の欲するものを察して、ありとあらゆることに気を遣う。一見、静止しているように見えて、実は高速回転して自立する「コマ」でなくてはならない……。僕はすっかりその世界にのめり込んでいました。バーテンのバイトをやりながら、農学部では実験の毎日。その上、劇団まで始めてしまい、夜七時までは大学、八時から芝居の稽古、深夜二時から二つのバーを掛け持ちして朝の五時まで働くという生活で、睡眠を削ることで日々何とか回していました。そんな生活の中で「いつかは銀座でバーテンを」という道を思い描いていましたね。

夜王の道を極めずに、どうしてデザイナーの道に？

神谷　卒業後も夜はバーテンとして働きながら、インテリアショップを掛け持ちしたり、ある時からは家具工房に通って家具職人になりかけたことも。無垢材を使った家具に魅せられ、自分の作品をバーでお客さんに見てもらったりもしました。学生時代同様、睡眠時間を削ってやりたいことを何でもやっていましたね。

そんなある日、友人からディスコをやりたいと相談されて、店のアイデアを出し合いました。デザインのことは全く分からなかったけど、客が求めるものや時代感、店の設計等を考えるのがすごく楽しかった。物件も決まっていない状態からアイデアを練り、温めていきました。そして一年間温めた渾身のディスコ「シェルター4・2Z0151」が完成。ＤＪブースを二つ設けた、当時としては斬新な設計がウリでした。これが「商店建築」に掲載されると、その後はディスコブームに乗っていくつかのディスコを手がけ、作る度に雑誌に取り上げられました。ただ、当時は「デザイナー」という自覚はなく、友人のためにとか、ただ作りたいものを作っていたという感覚でしたね。

その後、二七歳で神谷デザイン事務所を設立し、最初の七年ほどは一人で切り盛りしていました。相変わらず「睡眠さえ削れば」という発想で、昼間は現場、夜は図面描きという感じでしたが、仕事が軌道に乗りはじめ、一度に三つくらいの案件を抱えてしまうとどうにも一人では回らなくなってきたんです。飲食店さんを中心に仕事が増えていく中、若いデザイナーを雇いはじめ、五人、一〇人と規模が大きくなっていきました。

これまでに、どんなお店を手がけてきたのでしょう?

神谷　バーテンをやっていたからというのもあって、バー仲間をはじめ、若手の居酒屋やビストロのオーナーからも声がかかるようになりました。今や全国展開するようなオーナーとの個人的な付き合いは、この頃に始まったものです。会社が大きくなり仕事も全国に広がっていくと、飲食店の他にホテルや旅館、オフィスや学校、医療機関なども手がけるようになりました。オフィスや医療機関は同じような空間になりがちですが、僕の場合は飲食店デザインで培ってきた設計ノウハウを生かして、コミュニティーを大切にした

デザインを心がけています。人と人が自然と触れ合える場が求められるようになる中で、僕のような考え方でデザインしていることが支持されているように思います。そうした意味で、海外では日本人のアイデンティティを大事にすることよりも、ローカルのニーズに応えられるような店になることを心がけています。そうは言っても、やはり日本人らしさがチラッと出てしまうんだけど、現地でどんなコミュニティーが求められているかを第一に考えます。最初は日本人オーナーが海外進出する時に依頼されていたのが、そのうち現地のオーナーからも声がかかるようになりました。

また「店づくりは街づくり」だとも思っていて、地域活性化の相談もよく受けますが、地域がもともと持っているポテンシャルを取り戻さないと、本質的な解決には至らない。僕たちのようなよそ者は、きっかけづくりはできても、最終的には地場のエネルギーが必要になってくると思います。だから、パブリックスペースのデザインなどでは、その地域の皆さんに参加してもらうこともあるんですよ。これから利用する人たちが参加することに意味があると思うんです。

デザインを捨て、自然に委ねる

地域活性化だけでなく、今や大学で教鞭もとっていますよね？

神谷　非常勤講師や客員教授として教鞭をとっていますが、デザイナーを目指す若者の多くは「自己の確立」とか「他人と違うものを作れ」と教えられているようです。僕はそれを「クソくらえ」と否定することから始める。自分のエゴを形にするだけなら、それはただのゴミを生むだけ。お前ら、産業廃棄物作るために生まれてきたのかって。僕らには、この時代の人間に生まれた役割がある。己を捨て、自分をいじめ抜き、相手のことを考える。環境のことを考える。大事なのは「優しさ」や「思いやり」、未来を想像することです。

次の時代にバトンを引き継げるのは、決して強いものではなく、変化する環境に順応できるものです。人や社会にどんどん影響されればいい。この激動の時代でデザイナーとして生き残るためには、アイデンティティを確立するよりも、時代の流れに合わせて姿形を変え、順応することが大事だし、私自身もそうありたいと思っています。デザインのアイデンティティに対するこだわりは皆無に近い。それこそが僕の強みなのかもしれません。だって人間のデザインなんて、自然の持つ美しさには到底かなわないし、自然の素材に答えを委ねることが正しいと思ってやってきました。木材や鉄、土といった「素材」がその答えを知っているんです。

最近は社会全体がＳＤＧｓを意識するようになりましたが、神谷さんにとってＳＤＧｓなモノづくりとは？

神谷　確かにリサイクルやリユースは大切と思うけれど、それよりも僕は、一度作ったものが長く長く愛されることを考えたい。それが自分にとって一番のＳＤＧｓだし、地球環境や人にとっても優しいことだと思う。時代の変化は早く、価値観も変わっていくしデザインもそれに沿って変わっていくものだけれど、そんな中でスクラップアンドビルドを前提にしたモノづくりではなくて、長く使えること、大切にされるものを作っていきたいと思っています。

今後はいろんな形で地域のコミュニティーがつくられていくと思うけれど、オンライン上ではなく、人と人がface to faceで顔を合わせる、リアルなコミュニティーの場をつくっていきたいですね。

最後に今後の展開を教えてください。

神谷　僕はデザインを自然に委ねると同時に、繁盛するために何ができるかをとことん考え抜いたところで、メニューや営業方針にまで口を出してしまいます。普通、デザイナーとしては越権行為で「おせっかい」ですよね。でも僕のそういった部分を認め、付き合って

くださるお客さんがいることは大変ありがたいことです。お店がオープンすれば、ビジネスとしては一旦終了となりますが、実はその瞬間から、デザイナーとしての本当の勉強が始まります。その店が時代の中で何を求められ、どう変化していくか。それを一緒に見届け、反省して、どのように対応していくべきかを考えていくこと。ここまでが本当のデザイナーの仕事なんです。

そんな今までのスタイルを変えず、今後も日本全国の飲食店や街づくりのお手伝いをさせていただきたいです。どんどん「おせっかい」を言わせてもらいたいですね。国内だけでなく、韓国、ロス、シンガポール、香港などでもお仕事をさせていただいていますが、積極的に海外展開も進めたいですね。一方で、六坪の小っちゃなバーのオーナーになって、店にも立ちたい。やりたいことは尽きません。「逃げる人生は苦し、向う人生は楽し」で、いくつになっても睡眠時間を削って、やりたいことをやっている生活。二〇代の頃と何も変わっていませんね。

ほめちぎる教習を全国へ発信。
ほめる教習、親感謝の気持ちを通し、
交通事故の減少を目指す。

ほめて人を伸ばす

南部自動車学校　代表取締役社長

加藤　光一

南部自動車学校

〒 519-0503 三重県伊勢市小俣町元町 1648-10
TEL：0596-23-1155　FAX：0596-23-2497
https://www.safety-nanbu.com

――自動車業界では若者のクルマ離れが取り沙汰されているが、教習所に通わない「免許離れ」が深刻化し、少子化問題とあいまって自動車教習所も苦境に立たされている。警察庁が発表した統計によると、指定自動車教習所の卒業者数は二〇年前に二四〇万人超だったのが、二〇二〇年には一五〇万人にまで減少。ここ一〇年で一一四もの教習所が閉鎖している。そんな中、「ほめちぎる教習所」として三重県で入校者数一位を不動のものとしている南部自動車学校の加藤光一に迫った。

三重県で唯一の「担任制」「合宿制」

南部自動車学校さんの歴史について教えてください。

加藤光一（以下加藤）　一九六〇年、指定自動車教習所制度が確立、都道府県の公安委員会が資格要件を満たした民間の教習所に「指定」を与え全国に自動車学校が設立される中、一九六二年、父が伊勢で初めての自動車学校「南部自動車学校」を創立したのが始まりです。二〇二二年には六〇周年を迎えます。

一九六二年というと、まだ車社会ではない時代だったのでは？

加藤　創業当時は、免許取得をする人も少なく、拡声器を持ち「免許を取りませんか」と駅前で営業することが多々あったそうです。一九六四年の東京オリンピックの頃から急速に日本のモータリゼーションが進み、数年後には自動車学校に入るまでに何ヶ月待ちというような状況になったそうです。その後、伊勢近郊の町にも新しい自動車学校が設立され、小さな地域に三校の自動車学校が熾烈な過当競争を行う時代に突入。一校が倒産するなど、苦しい時代が続くこととなりました。価格での競争は互いに疲労することが分かり、南部自動車学校は、ここから他校との差別化を考えるようになりました。

なるほど、それが現在の南部自動車学校さんの基盤になっているわけですね。加藤さんが入社されたのはいつでしょうか。

加藤　大学卒業後、東京の商社で働いており、父の依頼で戻ることを決意。東京の自動車学校で修行したのち、一九九三年、三〇歳で入社しました。一九九一年は第二次ベビーブーム世代の子供が一八歳のピークになり、まだ、少子化への危機感はほとんどない状態でしたね。ただ、教習所の良い時代を知らない私が感じたのは、これからの少子化に対する閉塞感でした。今年生まれた子供が一八年後の入校者数に直結するため、数字が減っていくのが目に見えてわかりました。頑張っても入校者数は減っていく、これでは社員に夢を与えられないのでは、と悩む毎日でした。

一八年後が見えるビジネスなんですね。そんな状況を打破するために、始めたことは何だったのでしょう。

加藤　まずは経営理念を作り直すことからはじめました。社員にやりがいを持たせてあげることが必須だと考えたのです。「心と技の交通教育を通じ、お客様の永遠の安全を提供する」ことを理念としました。そして、その理念の実現のために一九九七年には、入校から卒業まで一人の指導員が担当する「担任制度」を導入しました。

自動車学校で担任制度というのは珍しいのでは。

加藤　はい、この制度を採用しているのは、三重県で当校だけです。この担任制度を導入するまでには紆余曲折がありました。三重県下では実績もなく、「指導に情が出たらどうするのか」「指導員によりスキルに差がでるのでは」など、公安委員会より難色を示されました。自分の教え子が事故したことを考えれば、余計に厳しく指導するはずだ、教え子の無事故無違反率、検定の合格率など個人評価をオープンにすることにより、南部自動車学校の指導員の教習力の底上げになる、と何度も説明に通いました。スタートするには二年半の月日を要しました。

二年半もですか。すごい思いですね。その思いは何だったんでしょう。

加藤　人を教える仕事は面白かったのですが、毎日同じ項目を教えることを退屈に思いはじめたのです。指導員としてのやりがいはなんだろう、と考えたときに、生徒の成長の過程が見えることだと結論に至ったのです。さらに、一対一で指導をしないと、経営理念の「心と技、永遠の安全」は伝わらないのではないか、と思い決断したのです。担任制度をはじめて四年後、ある指導員が癌で亡くなりました。彼が指導した生徒数百人に電報を打ったところ、多くの担当した生徒から電話をいただき、また、葬儀に参加してくれたことで、心に残す教育とはこういうことだと実感し、担任制度を定着させる決意を新たにしたものです。

担任制度が導入されて変わったことはありますか。

加藤　一番大きく変わったのは、教習に対する姿勢です。教習時間の最後の一秒まで教習しようとするなど、以前より指導員が真剣に取り組むようになりました。自分の生徒は大切にし、個人評価にも直結しているため、皆が必死で教習に取り組みます。指導員は常に五〇名ほどの生徒の管理から予約管理まで全て自分で行うため、非常に大変な仕事なのです。ただ、一生懸命指導するから紹介も増えていくため、向上心を持ち取り組む指導員が多くなりました。二〇〇四年には三重県下で、普通車入校者数一位となり、現在に至るまで常にその座を保持しています。社員の頑張りが数字として現れた結果でした。

三重県下一位はすごいですね。最近では、合宿制度も導入されていますね。

加藤　伊勢でターゲットエリアの七五%が南部自動車学校に入校していただくようになったのですが、少子化の波が大きく、このままでは、社員の数を減らすしかないだろう、と。であれば、県外から生徒を呼ぶ方法を取り入れようとしました。ただ、この合宿制度も三重県は実施している教習所が無く、「非常に好ましくない」との反応でした。前例がないこと、短期間での教習は粗製乱造になる、というのが理由でした。ただ、教習の質が変わるわけではないという自信があったので、二〇一一年にしっかりと説明し、スタートしました。担任制度も合宿制度も三重県ではどちらも唯一の自動車学校です。三重県はもともと保守県なので、反対されてまで他の学校はやらないのでしょうね（笑）。ただ、どちらの制度も一長一短があります。一長を大きくし、一短を短くすることに常に挑戦しています。

ほめちぎる教習を全国へ発信

最近は、教習所のブランディングに成功していますね。

加藤　ブランディングに必要なコアコンピタンスを三種の神器と名付け、三つ作りました。一つが前述の「担任制度」、二つ目が「親感謝プログラム」、三つ目が「ほめちぎる教習」です。親感謝プログラムとは、事故を起こしたら誰が一番悲しむかを気づかせることで親に対する感謝の気持ちを「心のブレーキ」とする取り組みで、教習を通じて親に感謝する機会を入れていきます。卒業時には、親への手紙を送付しますが、多くの保護者から喜びの声をいただいています。ほめちぎる教習は、教習の中で「成長実感」を強く感じてもらう教習で運転するのが楽しくなり、自主性が育つプログラムとなっています。

ほめちぎる教習を始めたきっかけは何ですか？

加藤　最近の教習生は、車は移動の手段にすぎず、就職のため仕方なく免許を取得するという環境となりました。また、人に叱られた経験も少なく、従来通りの厳しい教習手法だと教習生に拒否反応が起こることも出てきました。以前にアメリカの自動車学校を訪問した際、教習は「ティーチング（教える）」ではなく「コーチング（導き出す）」だという仕事のスタンスを学びました。さらに、ハワイで出会った水上スキーのインストラクターのほめ方に感銘を受け、ほめることは人を伸ばすことだということに気づきました。そして、「ほめる」ことを教習に取り入れたいと考え、ほめて伸ばす、を教育スタンスにし、指導員全員がほめる達人協会の「ほめ達三級」の資格を取得したのです。目標を明確にし、ほめていくことで生徒のやる気を引き出すことにつながっています。

ご自身の実体験から、新しいビジョンが生まれているのですね。ほめちぎる教習の成果は出ましたか？

加藤　二〇一三年二月から、ほめちぎる教習を開始していますが、入校数は当時の一五〇％アップとなりました。それより嬉しいのは、ほめちぎることが教習の成果に大きく繋がっていることです。自動車学校の成績を測る数字は、大きく三つあります。検定合格率、学科試験合格率、そして、卒業後一年以内の事故率です。この八年間で検定合格率は、八二％から九〇％にアップ。学科合格率は、九五％以上で常にトップクラス、そして、事故率は、一・七六から〇・三七と飛躍的に減少しました。

すばらしいです。なぜ、それほど成果が出ているのですか？

加藤　私も調査中ですが、やる気の法則に大きく寄与していると思っています。やる気の法則とは、一対一・三対一・三の二乗の法則のことで、言われたことをするだけの成果が一とすると、納得して行動した成果が一・三倍、そして、自主的に行動した成果が一・三の二乗倍となる法則です。ほめちぎる教習の場合、ほめる回数を多くすることで「成長実感」を強く感じてもらいますが、それを続けると運転することが楽しくなってきます。楽しくなれば、自主性が芽生えます。そして、もっとほめられたいという気持ちが強くなることから積極的に取り組むようになり、教官の指導内容が効果的に伝わるということに繋がっていると思っています。

常に新しい視野を持って挑戦し続ける、加藤社長。今後の展望をお聞かせください。

加藤　教習所業界はもちろん、人を育てるという観念から他業種からも講演等を依頼されることが多くなりました。現在は、ほめちぎる教習を一つのプログラムとして、他の教習所にコンサルティングをしています。その結果、岐阜、広島、静岡、山口に「ほめちぎる教習所」がスタートし、南部自動車学校と同じロゴマークを使用しています。また、令和三年にリクナビNEXTの「GOOD ACTION アワード」で「ワークスタイルイノベーション賞」を受賞させていただきました。これは、ほめる文化が新たな社風醸成に寄与したことによる賞です。人材教育に「ほめて伸ばす」は効果が高いことから、全国へ「ほめて人を伸ばす効果」を広めていきたいと思っています。

株式会社　復元屋

〒 479-0003
愛知県常滑市金山字北大根山 8-1
TEL　：0569-84-2002
E-mail：info@fukugenya.jp
http://www.fukugenya.jp

復　元　屋
Restoration Organization

歴史的名建築の意匠をコレクションしたり自宅に再現できる

「日本の名壁シリーズ」が登場！

――二〇一二年にリニューアルされ、創建当時の姿を再び取り戻した東京駅。戦災で焼失した駅舎三階の修復で、東京駅の顔とも言える「赤レンガ」を見事に完全再現したアカイタイル・復元屋が、再び新しいプロジェクトを立ち上げた。歴史的名建築の壁を彩ったタイルを自宅に持ち込める「日本の名壁シリーズ」に迫る。

まずは会社の歴史からお聞かせください。

赤井祐仁（以下赤井）　九〇〇年以上の歴史があり、日本最古かつ最大と言われる焼き物の町・常滑で私の祖父が一九二五年（大正一四年）に株式会社アカイタイルを創業しました。常滑は高品質な製品を生み出す日本有数の窯場として世界的にも認められていますが、常滑からほど近い富貴という土地で焼き物に適した良質な赤土が採れたことで、祖父はそれを使った小さなタイルを作っていました。地元である知多の原料でモザイクタイルを作った最古参の会社として、一九五四年には北米への輸出を開始。一九七五年には大手タイルメーカーと取引を始め、主に床タイルの製造を行うようになりました。

モザイクタイルから床タイル、壁タイルへと製造の幅を広げていったのですね。

赤井　私は二六歳でアカイタイルに入社する前に、取引先の大手タイルメーカーで経験を積みました。当時のタイル業界では「特注品は技術の優れた工場へ」「床タイル工場に壁タイルは任せられない」という風潮があったのですが、「アカイの技術力なら外壁タイルもできる」と思い、外壁タイルの分野にも踏み込んでいきました。言われたものに応える仕事から、徐々に自分からも提案できるようになりました。海外の展示会を視察し、デザイン的にも技術的にもレベルの高いタイルに触れ、そこからいいものを取り入れてやろうと、自らデザイン・開発も行うようになりました。

歴史的建造物の修復に関わる最初のきっかけは何だったのですか。

赤井　入社後は営業・開発の仕事に携わり、磨きや釉薬を駆使して新しい商品の開発に尽力しました。こだわった商品は手間やコストがかかりますが、著名建築家の設計した建物で使われるようにもなって技術力や品質が認められ、二〇〇〇年頃から歴史的な建造物の修復・復元のお話もいただけるようになりました。最初に手掛けたのは日本工業倶楽部会館です。横河民輔氏の設計で一九二〇年に創建された歴史ある建造物で使われたタイルと同じ色・質感を、汚れも含めて再現してほしいという依頼でした。全国のタイルメーカーが競合した結果、弊社のタイルが採用されました。歴史的建造物の復元という、それまでの弊社にはなかった新しい道を切り拓きたいと社員一丸になって、原料と顔料の調合、窯の温度調節、製法の再現など、日々、試行錯誤を繰り返したことが結果につながり、とても嬉しかったですね。

再現性の高さが認められ、あの東京駅の「赤レンガ」の復元を手がけられたのですね。

赤井　日本工業倶楽部会館の後には、江田島旧海軍兵学校、成蹊大学本館、両国国技館、東京中央郵便局（ＫＩＴＴＥ）など国内の歴史的な建造物の外壁の復元も任せていただき、海外ではジオ・ポンティが設計したイタリア・ミラノのサンフランチェスコ教会の外壁の復元もやらせていただきました。中でも特に思い入れが強いのは、東京駅丸の内駅舎の外壁タイルを作らせていただいたことです。東京駅の象徴ともいえる、あの「赤レンガ」の復元とあって、お話をいただいてから施工までには一〇年以上の時間がかかっています。古いタイルの復元では、実物が作られた当時の色を再現するのは容易ではありません。素材の質や量、窯の温度など今までに蓄積した技術をもとに、こういう色になるだろうと予測する職人技の世界です。昔は窯や焼成技術も発達していませんでしたので、同じ窯でも上と下の温度差によって色ムラが出るのですが、現代の窯では均一な色が出てしまいます。それを顔料で調整し、3度色を変えて焼くことで昔の色ムラを表現しています。

そうした実績から、歴史的建造物を未来へ残す「復元屋」プロジェクトが始まりました。

赤井　東京駅もそうですが、歴史的建造物には多くのタイルが使用されています。近年は老朽化の問題で取り壊しが検討されているところも多々あります。そこで、「未来への継承」をキーワードに、ただ修復をするだけでなく、その建物の歴史や景観、その場所への人々の想い・思い出を記憶だけでなく実際に建築物として未来に残していきたいという想いから「復元屋」というプロジェクトをスタートしました。現在までに著名な建造物をはじめ、様々なタイルの復元・補修を手がけてきましたが、特に二〇一一年の東日本大震災以降は、関東を中心に一九八〇年代～九〇年代に建てられたビルやマンションにクラックが入り、一部を補修するメンテナンスの仕事が全国に広がったことで、それぞれの建物に使用されたタイルに合わせた復元・補修の仕事も多くいただくようになりました。

その建物を強く印象づけるタイルを復元していく中で、また新しいプロジェクトが立ち上

がったそうですね。

赤井　はい。「復元屋」では歴史ある駅舎・庁舎・銀行・大学などの復元に携わることも多く、創建当時の本物の姿を取り戻すお手伝いをしてきました。明治・大正・昭和初期に建てられた著名な建物の多くは、文明開化の息吹を感じる西洋建築物です。それまでの木造建築から、煉瓦・タイル造りのモダンな建物が立ち並ぶようになり、数多くの名建築が生まれました。その建物を印象付け、意匠と深く関わる個性的なタイル壁を完全再現するのが「復元屋」です。後世に残る歴史的名建築を、当時の臨場感とともに忠実に再現したことで、もっと身近なところでも「本物に触れていたい」という声を聞くようになりました。名建築の壁を彩った化粧レンガタイルをコレクションしたり、趣向の合う人へのギフトにしたり、自宅の書斎の壁に貼りた

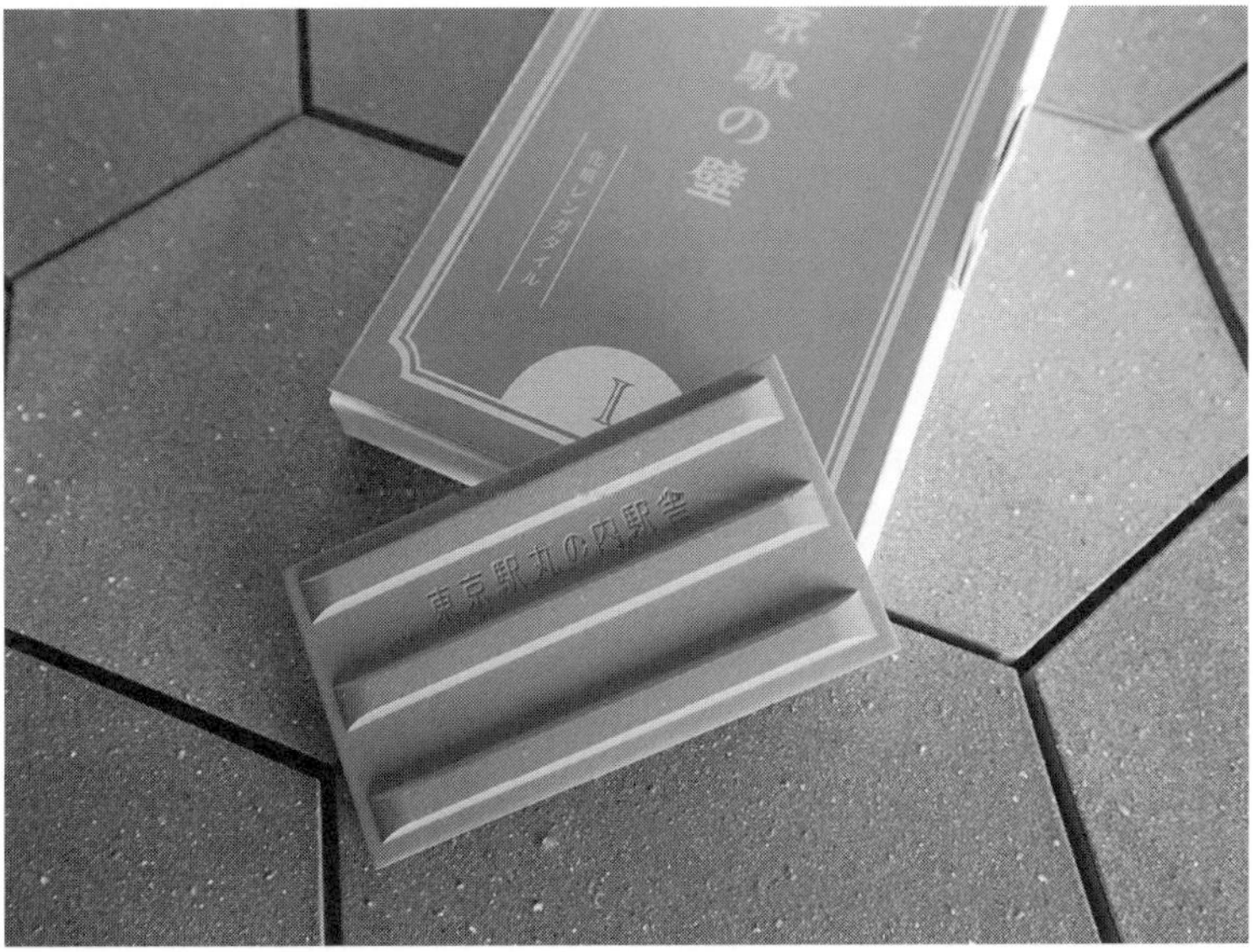

いというニーズもあることが分かってきたので、これを商品化しようと思いました。

それが「日本の名壁シリーズ」ですね。具体的にはどのように展開されるのでしょう。

赤井　第一弾は、最も反響があった「東京駅の壁」です。ＪＲ東日本に相談したところ快諾していただき、ＪＲ東日本許諾済商品として販売できることになりました。鉄道ファンや建築ファンの方々には特に好評いただいています。また、お土産やコレクションとして単品売りする「プロダクト」だけでなく、外壁や書斎などの内装に使用できる壁面施工用としてセット売りする「マテリアル」もラインナップしています。コロナ禍で在宅ワークが増える中、自分好みの空間づくりを実現するリフォームツールとして興味を持っていただいています。低迷する

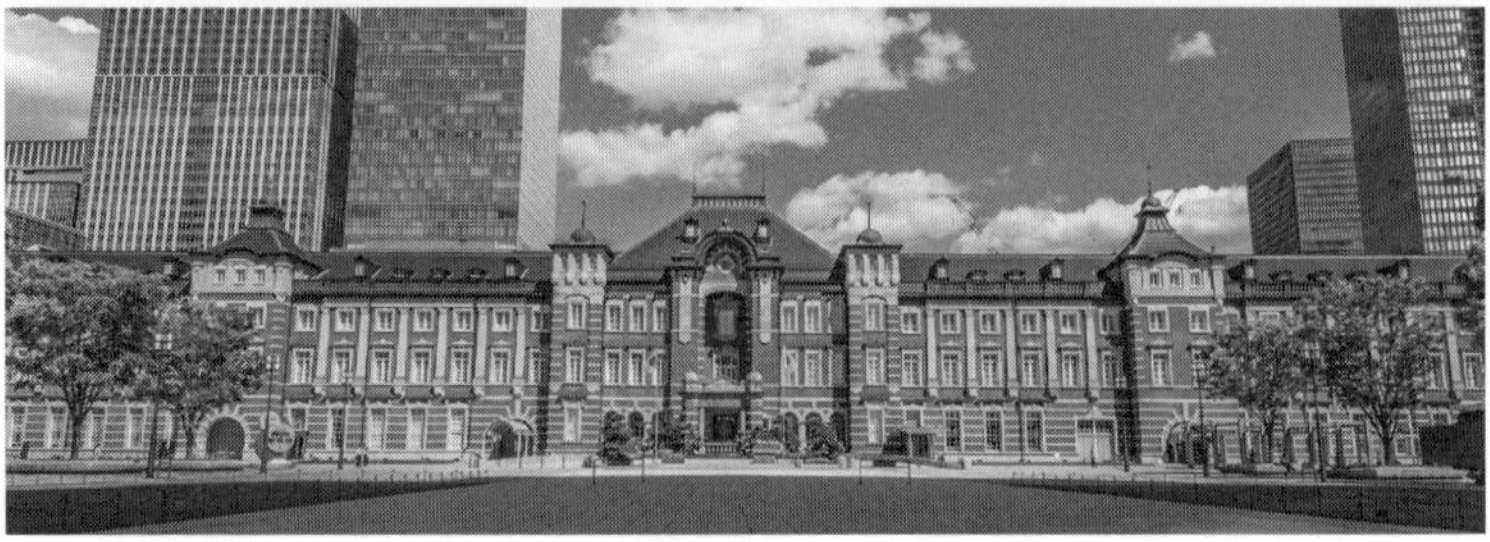

タイル業界での生き残りをかけたこの「日本の名壁シリーズ」の商品開発が評価され、中部経済産業局が二〇二〇年に行ったブランディング構築支援事業では、ハンズオン支援の対象に選ばれました。これを機に、より多くの方々に知っていただきたいですね。

プロジェクトの将来性が認められたわけですね。今後の展望があれば教えてください。

赤井　すでに第二弾として、「スダレ煉瓦タイル」が出来上がりました。このタイルはフランク・ロイド・ライトの設計によって大正時代に建てられた帝国ホテルで使用されたことから一気に広まったものです。以来、庁舎や大学などで使われ、今も残る昭和初期の名建築にはスダレ煉瓦タイルを使用した建物が数多くあります。こうした歴史的名建築を彩った化粧タイルを復元することは容易なことではありません。時間をかけて試行錯誤を繰り返し、ようやく完成したものだからこそ、復元した建物に使用するだけでなく、本物を好む人たちも手にできるようにしたいと思っています。世界にはまだまだ名建築はたくさんあります。今後は国内だけでなく、世界の名建築を手がけて世界の本物にも触れられるようにしていきたいですね。

日本のおいしいお肉で、
幸せと感動をお届けしたい。
お肉の専門店
スギモト

和牛の伝承人

杉本食肉産業 株式会社　代表取締役社長

杉本　達哉

創業明治３３年

スギモト

杉本食肉産業　株式会社

〒466-0013 愛知県名古屋市昭和区緑町 2-20
TEL：052-741-3251
https://www.oniku-sugimoto.com

――明治時代に牛なべを名古屋で広めて以来、牛肉文化を創る一翼を担ってきたスギモト。おいしいお肉にこだわる老舗が一二〇周年を迎えた今、いよいよ生産から本格的に携わる飼育事業に乗り出した。お肉の風上から風下まで一貫してやってきた強みを活かし、世界的な和牛需要で懸念される日本の和牛文化を守りたいと邁進する、杉本食肉産業株式会社　代表取締役　杉本達哉に迫った。

まずは会社の歴史からお聞かせください。

杉本達哉（以下杉本）　もともとは、名古屋城から熱田神宮に向かう参道で営む宿屋だったと聞いています。往来する旅人が足を休め、疲れを癒し、体力をつけるために料理も出していました。明治時代の文明開化で肉を食べる文化が入ってくると、私どもの宿屋でも精が出る料理として牛なべを出すようになりました。当時は料理のバリエーションもなく、牛肉を食すと言えば牛なべのことでした。まだ名古屋で味わえる店は他になく、とても珍しい料理だったようです。

その流れから牛肉を扱うようになり、一九〇〇年（明治三三年）には精肉店として杉本牛肉店を創業。現在は愛知県を中心に、精肉と惣菜のお店を四二店舗、飲食店を八店舗展開しています。関東関西の首都圏では、高島屋さんをはじめとする百貨店、スカイツリーやミッドタウンといったランドマークに出店しており、海外では上海とバンコクで同じように精肉店とレストランを展開しています。

老舗としての品質を保ち続けている秘訣は何でしょう?

杉本　宿屋から始まって一二〇年以上の歩みを持つ私たちは、お客様に愛され続けること、信頼され続けることの大切さを知っています。そのために知恵を絞り、努力を惜しまず進んできました。スギモトにしかできない、こだわり抜いた味と肉質を実現することで、お客様に感動と幸せを届けていきたいと思っています。そんな私たちが、「スギモトのお肉はおいしい」と自信を持って提供できるのは、肉のおいしさを等級やブランドだけにとらわれず、血統や生産者などのデータを元に、格付けには現れない肉の良さを見抜いているからです。格がなくても特別においしいお肉は存

在し、私たちはそれを見逃しません。そうしたおいしいお肉をお値打ちにお届けできる「日本一のお肉屋さん」を目指しています。

他にない「こだわりのお肉」は、どのようにしてできるのでしょう?

杉本　飼料の選定はもちろんのこと、飼育の段階から生産者と強い関わりを持つことで肉の品質を維持してきました。生産者との結びつきは代々大切に受け継がれ、長崎県には親子三代にわたって五〇年以上も直接取引をしている畜産農家があります。彼らはスギモトに合うように、スギモトのためにつくってくれています。誰がどうつくっているかを大切にする私たちにとって心強い存在です。同時に、お客様からの声を彼らに直接フィードバックしながら共に改善を重ね、手間と時間をかけているからこそ、他にない「いいお肉」ができていると思っています。

　産地の良さを消費者に伝え、また消費者が求めるものを生産者に理解してもらうことが大事です。他にも鹿児島など牛の名所とされる産地で、スギモトに合うお肉をつくってくださる生産農家さんたちのおかげで、スギモトの確かな品質を確立できていると思います。

有名産地だけでなく、地元でもスギモトブランドのお肉に取り組んでいらっしゃいますね。

杉本　愛知県では高級和牛というより、親しみやすいお肉を地産地消ブランドとして展開しています。スギモトのオリジナルブランドとなる交雑牛「尾張牛」と、ＪＡさんのブランドである黒毛和牛「みかわ牛」。どちらもまだ地元での認知度も低いのですが、やわらかくてジューシーな肉質で和牛本来の味わいを十分に楽しめる、スギモトが自信を持って提供できる品質です。

また二〇二〇年には、取り組みから八年かけて実現した新たなスギモトブランド「ひらやの輝跡」が長野県で誕生しました。平谷牧場がある平谷村は人口四〇〇人ほどの小さな村で、「日本一、星空が綺麗」だと言われています。「ひらやの輝跡」は、この高原の澄んだ空気・紺碧の青空・満天の星空の中で、伸び伸びと育った黒毛和牛です。これまでにない新しい飼料を与え続けること八年。ようやく目標にしていた「他とは明らかに違う旨味と、しっとりとした脂、そして赤身の肉質」を感じることができ、皆様にご提供できるようになりました。この特別な飼料によって、今までの和牛をはるかに超える旨味を追求することができたわけです。そうしてお肉の価値を高めるということを、これからもやっていきたいですね。

一方で、スギモトのおいしいお肉が味わえる飲食店展開も盛んです。

杉本　飲食業は五〇年になりますが、これはブランディングの一環として出店しています。スギモトの肉のおいしさを知ってもらうためのアンテナショップという位置付けですね。ブランド認知のためではありますが、その場でお客様の反応が分かることはとてもいい勉強になります。その場で召し上がってもらえるレストランは、必要に応じて今後も増やしていく予定ですが、お肉のいろんな食べ方を提案できるようになっていかなければならないと思っています。現在展開しているお店はすき焼きやしゃぶしゃぶ、焼肉といったオーソドックスな食べ方が多いですが、東武百貨店池袋店で出店している「オールドマンハッタン」では熟成肉のハンバーグが人気です。老舗だからと言って暖簾にあぐらをかかず、新しい食べ方を開発しながら、若い人にも受け入れられる、若い世代にも求められる店を目指していきたいです。

新しい食べ方の開発といえば、家で手軽に食べられるシリーズもありますね。

杉本　外食でないと食べられないようなお肉料理を家でも食べてもらえるよう、時間がかかる料理を湯煎だけで食べられるようにした「ロイヤルレシピ」シリーズを展開しています。ほほ肉や希少部位を使った料理が人気で、これまでお歳暮やお

中元で培ったノウハウもメニューに活かされています。鮮度が良いまま冷凍する技術「プトロン凍結」は、温めれば作り立てに戻るので、出来立てのおいしさが味わえると好評いただいています。
　また、これからの高齢化社会では霜降りだけでなく、赤身の美味しさも伝えていく必要があります。お惣菜も含め、いろんな場面にスギモトのお肉、スギモトの味があるということを知ってもらい、幅広い層に食べてもらいたいですね。

「スギモトのおいしいお肉」を核として事業が展開されていることが分かります。そして新たな挑戦となる生産事業がスタートしました。

杉本　現在の契約農家さんとの関係を大切にしながら、今後は牧場経営にも踏み込んでいく予定です。長崎県で二〇二〇年にスタートした「スギモトファーム」では、オーストラリアで生まれたWAGYUを育てており、「美然牛」というブラン

ドで出しています。和牛といえば霜降りで、それを脂っこいと敬遠する人もいますが、オーストラリアの大自然で健康的に育った牛はとてもバランスが良く、おいしい黒毛和種がリーズナブルに食べられると好評です。現在、約千頭の牛を所有していますが、今後はさらに増やしていきたいと思っています。そんな中で、九州で最大手の牧場グループ「カミチク」と業務提携をし、生産を強化していく体制を整えることができました。

世界に需要がある和牛は、今後、価格が高騰していく一方です。中国への輸出がスタートすればさらに加速するでしょう。国内でおいしい和牛をリーズナブルに食べてもらえるようにするには、これまでの実績を活かした自給自足を目指すのが一番だと考えています。ステーキや焼肉一辺倒の海外に比べて、日本には独自の食べ方や調理の仕方があり、それに合うのはやはり和牛です。そうした食文化を守るためにも、やはり国産にこだわっていきたい。和牛の風上から風下までを知る私たちだからこそできることがあると信じて、これからの時代やニーズに合わせた和牛の提供に力を注いでいきたいと思っています。

バイクライフを楽しく、
カッコよく、そして安全に。

バイク界の盛り上げ役

株式会社 オーヴァーホールディングス　代表取締役

佐藤　健正

moto-JOY

株式会社
オーヴァーホールディングス

〒513-0836 三重県鈴鹿市国府町 7678-5
TEL：059-379-0037　FAX：059-378-4253
https://www.over.co.jp　https://motojoy.jp

――若い頃に憧れたバイクに乗って、青春を取り戻そうと楽しむ大人たちの間で、一九七〇〜八〇年代の国産バイクに人気が集まっている。それでも旧車を安全に乗りこなすことは容易ではない。絶版となった部品や技術を要するレストアが不可欠だ。これまでに世界中のバイクファンの注目を集め、レーサーレプリカブームを牽引してきた佐藤健正に迫る。

まずはバイク業界に入った経緯から教えていただけますか？

佐藤健正（以下佐藤）　私は熊本県の山あいの町に生まれて、小さい頃からエンジンが付いているものが好きでした。小学生でオートバイに興味を持ち、中学二年生の時には見様見真似でゴーカートを自分で作って走っていました。高校に進学すると、さらにバイクにのめり込んでいきましたね。免許を取得して初めて買ったバイクは、ホンダＳＬ90のスクランブラーでした。高校卒業後はモトクロスがやりたくて、バイクの四大メーカーで唯一、四サイクルエンジンでレースをやっていたホンダ技研の鈴鹿製作所に就職が決まり、入社の一ヶ月前からオートバイ部に入れてもらいました。そこで鈴鹿サーキットのロードレースに連れて行ってもらったら、モトクロスよりもロードレースをやりたくなってしまったんです。ホンダ技研では二交代制の勤務で、仕事以外は昼も夜もすべてレースの手伝いに時間を費やしていました。その熱心さを認めてもらい、通常は三年目でレースデビューさせてもらえるのを、私は二年目でレースに出させてもらいました。そして二〇歳で全日本選手権レースのノービス125cc部門でチャンピオンになりました。

独立のきっかけは何かあったのでしょうか？

佐藤　チャンピオンになってノービスからジュニアに上がった二一歳の時、ホンダ技研からモリワキへ転職しました。モリワキはヨシムラと共に日本バイクの創成期を築いたメーカーで、日本バイクの第一人者である吉村秀雄さんの一番弟子だった森脇護さんが独立して創業した会社です。私はホンダ技研に在籍しながらも、鈴鹿に拠点を移したばかりの森脇さんのところに毎日通っては、バイクについて学ぶ日々。それがすごく面白かったんですね。メカ好きにはたまらなかった。ある日、森脇さんから「うちに来るか？」と言ってもらい、翌週には会社を辞めていました。モリワキでは七年間お世話になり、鈴鹿八時間耐久レースがスタートしました。モリワキのバイクに乗って結果を出し、世界的なレーサーになっていく人たちを目の当たりにしながら、自分もそんなバイクを自分のブランドで作りたいと思うようになりました。自分の考えで、ゼロからバイクを作りたくなったんですね。それで二九歳の時、一九八二年にオーヴァーレーシングを創業しました。

ヨシムラやモリワキを超えたい！　という想いを込めたネーミングですね。

佐藤　バイク技術はもちろんのこと、二人のレースにかける情熱はものすごいもので、そこも超えたいという想いでオーヴァーレーシングという名前にしました。バイクのコントラクターとしてあらゆる部品を作りながらレースに参加していましたが、ある時、雑誌「Ｃｌｕｂｍａｎ」の企画でバイクを製作したところ、世界的なバイクジャーナリストからオランダのシングルレースに参戦してみないかと声をかけていただきました。そこで初めて、自分の作ったバイクで優勝することができました。驚いたのは、レース後にマスコミが二時間もの間、取材の列をつくっていたこと。翌日には一般の新聞の一面にも掲載され、ヨーロッパではモータースポーツがこれほどまでに認知されているのかと、日本との違いを肌で感じました。

それで渡英を決断するという行動力にも驚かされます。

佐藤　そのレースの翌年、一九九二年には渡英していましたね。後悔しないようにという気持ちが一番でした。

優勝はしたものの、波乱万丈ですごく面白かったですね。何が面白いって、ヨーロッパでは自分でゼロから作ったということが評価されるんです。日本ではそれよりも結果となる速さが評価されます。量産車でも速ければよくて、市販の部品でも高性能なら使ってしまうわけです。ヨーロッパでは日本のような早く・安くを受け入れず、自分の頭で時間をかけて考えたことをカタチにすることに評価が付いてくるんですね。そこにとても共感したし、オーヴァーレーシングでも、安易に真似をせず、いったん自分で考えてカタチにすることを大切にしています。

そうした経験を生かして、オートバイやカスタムパーツの販売にとどまらず、旧車のレストア・メンテナンスからレンタルバイクまで、バイクライフを幅広くサポートしていますね。最近では、また旧車に注目が集まっているとか。

佐藤　はい。最近では一九七〇～八〇年代の国産バイクに注目が集まり、当時の価格よりもかなり高く取引され

ているほどです。若い頃に憧れたバイクに乗りたい五〇歳前後の団塊世代の間で、人気が高まっています。お金と時間にある程度の余裕ができた今、青春を取り戻そうということのようです。クラシックバイクはニッチなマーケットですが世界的なブームで、特にヨーロッパでは日本車が人気ですね。

「オーヴァーレーシング」の経営理念は〝楽しく、カッコよく、そして安全に〟です。バイクを楽しむにはカッコ良さが必要で、カッコ良さの追求がモノづくりの基本だと考えています。見えないところまでこだわり抜く。そうした誠実なモノづくりが、結果的には安全性にも繋がっていくはず。それは、中古バイクの販売から点検・整備・修理などを行う「モトジョイ」や、旧車・絶版バイクを維持していくためのリプロパーツを復元する「オーヴァークラシックス」でも同じです。ヴィンテージバイクであればなおさら、長く楽しめるように安心・安全であることにこだわりたい。今ある技術で当時の姿を再現し、新車以上の価値を生み出すことを意識しています。昔のバイクにはないキャブや電気系統、サスペンションを進化させることで、昔よりも安全に乗ることができます。そんな、今の時代に生かすような独創性のあるオリジナル商品を今後は供給していきたいですね。

その第一弾として、旧車用のエンジンオイルをプロデュースされました。

佐藤　はい。現在のバイクは水冷エンジンが主流となり、販売されているのはそれに合うエンジンオイルばかりで、昔の空冷エンジンに合うエンジンオイルが置き去りになっていました。そこで、耐熱・耐圧・耐久性に優れた空冷エンジン用15W－50のエンジンオイルを開発しました。もともとオーヴァークラシックスでは、ステップやスライダー、サスペンション、スイングアームといった、ちょっとしたこだわりをちりばめたカスタムパーツが、他社にないオリジナリティーで好評をいただいています。これまでありそうでなかった、普通っぽいけどちょっと違う、そんなマニア心をくすぐるような、ニーズに合わせたカスタムが受けているようです。何より、当時のフォルムデザインを邪魔しないこと。かつての美しいたたずまいを生かしつつ性能を上げていく、そんなこだわりが支持されているように思います。

当時のバイクを知る人はもちろんのこと、見た目のカッコ良さで若い世代にも人気が出そうです。

佐藤　そうですね。ぜひ若い世代にもバイクを楽しんでもらいたいと思っています。モトジョイでは、鈴鹿ツインサーキットでの走行を楽しめるイベント「アストライド」を年に二回開催しています。カテゴリーや年式を問わず様々なバイクで、各々にサーキット走行を楽しめるイベントです。こうしたイベントは、ヨーロッパではお祭りみたいなもので家族で出かけたりしますが、日本でも大人と子供が一緒に楽しめるバイク文化が根付くといいなと思っています。そのためには、家族連れでバイクに乗れるような場所があることが理想です。安全な場所で、できれば自然の中で思い切り楽しめる〝バイクランド〟みたいなことをやるというのが、今の私の夢です。

そこに向かって、まずはバイクに興味がある、機会があれば乗ってみたい、昔乗っていたけどまた乗りたい、そんな潜在層や浮遊層の人たちがバイクに接する機会や、乗って見て楽しいと思える機会をもっともっと作っていきたいと思っています。

マスク文化の創出人

株式会社 白鳩　代表取締役社長

横井　隆直

横井正男商店

株式会社　白鳩

〒 457-0027 愛知県名古屋市南区弥生町 121-1

TEL：052-823-1141

https://www.shirohato-net.com

――新型コロナウイルス感染拡大の影響により、マスクの着用は今や日常となったが、そのマスク発祥の地が名古屋であることはあまり知られていない。日本で初めて民生用マスクを開発し、戦後から全国に広めてきた株式会社白鳩。現在もメイドイン愛知にこだわりながら、マスクの可能性にチャレンジし続け、マスク文化の啓蒙にも力を込める横井隆直に迫る。

まずは会社の歴史から教えていただけますか？

横井隆直（以下横井）　創業は一九五〇年（昭和二五年）に、祖父の横井正男が名古屋市瑞穂区でマスクを製作して売り出したのが始まりです。戦後、満州から日本に戻って働きに出たのが漁網の工場で、そこではマスク用の耳ゴムも出荷されていたそうです。当時、病院では使用されていたものの、一般には知られていなかったマスクの存在を知ると、これを医療用から一般向けの民生用に改良することで、誰でも気軽に購入できるものへと商品化しました。愛知県には知多木綿や三河木綿の産地があり、マスク素材の綿ガーゼに恵まれていたことも大きかったと思います。商品がトラックいっぱいになるまで自分で作っては、それを売り歩いていたといいます。

マスクを知らない一般の人たちは、どんな目的でマスクをしていたのでしょう？

横井　愛知県でマスクを製作していましたが、創業期は主に東京から北の寒い地域で流通していました。花粉症やウイルスの懸念もなかった当時、県内では全く売れませんでしたが、東北に持っていくと「マスクをしていると暖かい」と喜ばれたそうです。のどが潤うので風邪や病気にもなりにくいという触れ込みで、保湿・防寒を実感した人々の間に広まっていきました。戦後の物資不足だった日本の寒冷地でこれが重宝され、次第に問屋を通して販売するようになりました。その後、祖父をはじめとする三人の兄弟たちによって、さらにマスク文化は全国に浸透していきました。マスク業界最大手の社長である大先輩方から「横井三兄弟が日本のマスク市場をつくったんだよ」と直接お聞きした時には、業界ではそう認知されているのだと嬉しくなりました。

日本初の民生用マスクを開発し、マスク文化を広めたと言われる所以はここにあるのですね。その後、マスク市場も時代と共に変化していきます。

横井　平成の時代になった一九八九年に父が家業を継ぐと、不織布マスクが出始め、マスクの需要にも変化が訪れました。二〇〇〇年頃からは新型ウイルスと市場がリンクして、人々がマスクを求めるようになりました。一方で、縫製のガーゼマスクはたくさん作れないので、簡単で安価、かつ衛生的な不織布マスクの市場が大きくなっていきました。このまま大手が参入してくれれば、弊社のような小さなメーカーは太刀打ちできないだろうということで、ＯＥＭメーカーへの道を歩むことになります。お客様の要望にスピードをもって応えることが他社との差別化になるよう、機械化設備を強化していきました。それが父の頃ですね。

そうしてＯＥＭを受けるノウハウと実力を蓄えていった時期に、横井社長が入社されたのですね。

横井　私の代になると、製品を提供するだけの

OEMから一歩進んで、商品を提案できる開発型OEMの確立をめざしました。「人の五感に訴える商品づくりをしよう」と心がけ、それを我々にしかできない強みにしようと思いました。そうなると、今ある設備では対応できないだろうと思ったので、設備ありきで商品を考えるのではなく、まずは自分たちが良いと思う商品を手作りで製作し、お客様が「これが欲しい」という段階になった時に初めてそれを設備化するという、これまでにない流れをつくりました。つまり商品が先にあって、それから作る設備を開発するという発想です。ご提案前には開発した素材や意匠などの特許申請を行いますので、開発した商品の知的財産は弊社が保有できるようにしています。

今ある設備を使うという発想を超えたからこそ、言われたものを作るだけのOEMから、企画提案型のODMへと進化していったのですね。

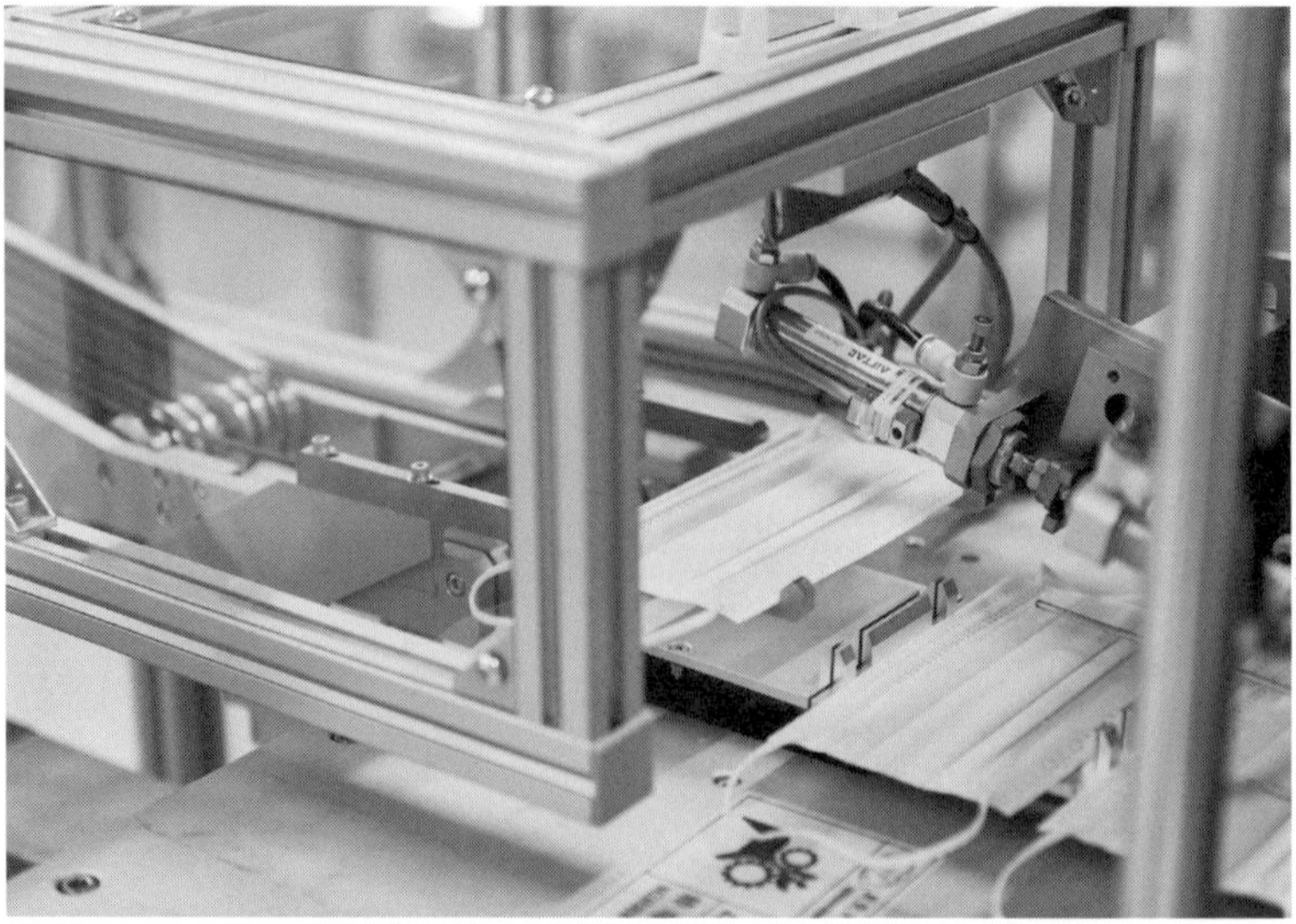

横井　今ある設備を使おうとするのがセオリーですが、それに縛られていては、この先も同じような製品しか作れないと感じました。我々には、それまでのＯＥＭで培ってきた経験から「こういった商品なら、お客様や消費者が絶対に喜ぶだろう！」という確信があって、その素材から開発したサンプルをまずは手作りします。その後で、「これはどうやって作るのがいいだろう？」と考えます。現在ヒットしている弊社の商品のほとんどが、こうして作られていったもので、市場に先駆けて独自開発した商品が、一年後には大手のＰＢとして一般商品化しています。こうして我々は大手メーカーさんの支えとなって、新しいマスクの市場も作ってきたという自負があります。

日本のマスク市場を最初に切り拓き、それぞれに活躍していた横井三兄弟の会社が二〇一六年にグループ化されました。それをきっかけに自社ブランドが立ち上がりましたね。

横井　機能性や着け心地を追求し、かゆいところに手が届く独自の企画力を生かして、常に市場の先をゆく商品開発でニーズを創出してきたつもりですが、二〇一六年のグループ化をきっかけに、もう一度、今の時代に合わせた市場開拓を行い、自社ブランドを作り上げたいと考えるようになりました。その頃に思っていたのが、かつてサングラスが機能から始まってファッションへと市場が変化していったように、マスクも個々のファッション志向で選ぶ時代が来るということ。さらにはマスク文化のない欧米でも普及するようなものをと、自社ブランドのプロジェクトチームが立ち上がったのが二〇一八年です。その第一弾となる商品

「パフフィットマスク」の発売がスタートしたのは、新型コロナウイルスのパンデミック直前でした。このマスクはウレタン素材の快適な着け心地と、花粉やウイルスを進入させない不織布のマスク性能を、他にない技術で融合させた商品です。

ウレタンマスクと不織布マスクの良いとこ取りをした、世界でも唯一無二のハイブリッド商品ですね。そしてコロナ禍で、さらなる進化を遂げました。

横井　プロジェクトが動き始めた矢先のパンデミックで、当初の目論見だったマスクのファッション化は市場が先行する形となりましたが、ファッション性に加えて、コロナ禍でさらに求められるようになった高機能性と極上の着け心地をレベルアップするよう開発を進め、二〇二〇年の年末に発売されたのが「and mask」です。織物の生地に不織布フィルターの捕集性、口元には編

み物を組み合わせることで、何度でも洗って使えるサスティナブルなマスクとなっています。特にウレタンスポンジの肌当たりが良く、快適だと好評です。これは化粧パフにも使われているウレタンだからです。現在は一三色を展開し、その日のファッションにも合わせられるようになっています。ネット販売を中心に、百貨店や東急ハンズ、ロフトなどでも取り扱いいただいています。

ファッション性の高さも認められ、ファッション誌などで数多く取り上げられていますね。アパレルブランドとのコラボレーションも始まっています。最後に今後の展望を教えてください。

横井　最近つくづく思うのは、社会貢献です。全世界・人類に向けて、白鳩グループの存在意義を考え、「我々に何ができるか？」を考えていきたいですね。その地域や文化に合わせたものづくりをして、マスク文化を啓蒙していければと思っています。

「伊達メガネ」と並ぶ「伊達マスク」という言葉まで生まれ、世界一のマスク大国となった日本でオンリーワンの市場を築き、それを世界にも発信していきたいです。現在展開しているオーストラリアのシドニーを拠点に、まずはアメリア大陸、ヨーロッパなどマスク文化のない海外の方たちに、そしてコロナ後にも「マスクはアリだ」と感じてくれている人たちに向けて、より良いマスクを届けていきたいと思っています。

――下請けから脱却して、メーカーとしての世界を切り拓いた田中金属製作所。世に知られるウルトラファインバブルの独自技術を活用し、他分野で強みを持つ中小企業と協業することで唯一無二の商品を市場に投下した。コロナ収束後も続く新たな生活様式の一つとなるだろう除菌・消臭習慣を、携帯サイズのオゾン水で実現した「ボリーナO_3ミスト」の開発に迫る。

まずは会社の歴史からお聞かせください。

田中和広（以下田中）　一九六五年に父親が創業した水栓部品工場がはじまりです。岐阜県の山県市は水栓バルブ発祥の地と呼ばれ、現在も水栓バルブでは国内シェアの約四〇％を占めています。この地域の他工場と同じように、大手メーカーさんの下請けとして主に水栓バルブなどの真鍮部品を作っていました。私は得意先の会社に就職し、金属加工の技術を習得してから家業に入りました。当時は孫請けの仕事でしたので、早く自分の責任のもとで値決めをする商売をしたいと考え、「メーカーと直接取引をすること」を目標にしていました。

ボリーナの誕生と成功

今や田中金属の代名詞とも言える、高機能シャワーヘッド「ボリーナ」はどのようにして誕生したのでしょう。

田中　きっかけは、水道料金を削減したいという会社との出会いでした。当時の節水器具はかなり高額だったことから、適正価格で性能の良い節水器具を作れば必ず売れると考えたわけです。また節水は企業だけでなく家庭でも求められる機能ですから、どちらでも使えるものでなければなりません。メーカーとして、この製品の開発をなんとしても成功させようと思いました。完成した節水シャワーヘッドは東急ハンズさんで販売がスタートし、同時に高級ホテルなどでも使っていただけるようになりました。

その後、紆余曲折を経て再び大きな出会いがありました。素晴らしい技術者の入社によって、ウルトラファインバブルシャワーの商品化を実現し、あのボリーナが誕生しました。それまでマイクロバブルの発生方法は、ほ

とんどが外気を混入してバブル化するものでしたが、ボリーナでは水分中にある空気を利用してバブル化するため、外気の影響を受けにくく、超微細な良質のバブルを生成することができます。この微細気泡が毛穴やシワの奥に入り、汚れを吸着してキレイになるという美容の側面からも支持されました。

二つの出会いをチャンスに変えていったのですね。このボリーナがヒットし、ロングセラーに成り得た要因は何でしょう。

田中　すぐにヒットしたわけではありません。発売から一年後、二〇一二年の一二月に東急ハンズの銀座店で実演販売を行ったことから大きく動き出しました。一日で三〇本を達成し、それから毎週末のように実演を続けると、同時に取り扱い店舗も増えていったのです。挫けそうな時もありましたが諦めることなく実演を続けた結果、その一年後に「ガイヤの夜明け」で特集していただけることになりました。これが反響を呼び、大ヒットにつながりました。その後、ボリーナは様々なニーズに応えるようにしてシリーズ化し、止水、ワイド、浄水といった機能を持つ商品が次々と生まれ、累計で五〇万本を超えるヒット商品となっています（二〇二〇年七月現在）。中でも、シャワーが水圧の影響を

受けることなく自由自在に回転する「ライトターン機構」を搭載したのは業界初のことでした。このように素早くニーズに対応できたのは、実演販売によって常に目の前のお客様の声に耳を傾けることに徹してきたからだと思います。そうしてエビデンスを取りながら、よりブラッシュアップした商品開発を行っています。

今も売り場に立ち続けているそうですね。

田中　はい。多い年では年間五〇回ほど、毎週のように全国のどこかの店頭に立っています。「伝えて、感動してもらい、購買してもらう」これが商売の基本だと思っています。売り場が店舗であってもＥＣサイトであっても、そういうものだと思います。ネットで売れていけば、リアルな売り場は要らなくなるかと言えばそうではなくて、お客様と対面することで、そこでしか知りえない情報を手にすることができます。売り場の反応は何より大事なもの。作り手が伝えたいことをダイレクトに伝えられると同時に、時代の流れを感じられるようになります。お客様と対話することから、また新たな市場が生まれていきます。

新しい時代の必需品に

そうした流れの中で、新たな商品「Bollina O_3 MIST」が生まれました。

田中　弊社には、節水しながらその勢いを落とすことなく水と空気を混ぜる高度なミックスジェット技術や、水中にある気体から超微細気泡を作り出すウルトラファインバブル技術「μ-jet 機構」があります。これは美容分野で商品化されて技術が進んでいますが、それ以外にも活用できる分野はたくさんあると思っています。特に医療分野で何かできないかと、二〇一三年から医科大学との共同研究に参画し、ミックスジェット技術とウルトラファインバブル技術を融合してオゾンと水をミキシングするオゾン水生成装置の試作に携わりました。共同研究の終了後も「オゾン水」と「ウルトラファインバブル」の可能性に独自に取り組んできました。というのも、オゾンは最強の殺菌剤だと思うからです。すでに業務用の殺菌・消臭剤として使われており、食品の洗浄などに導入する工場もありますが、オゾンを生成できる機械は大きくて高価なものでした。これをもっと身近なものにするには、できる限り小さく、安価でなければならない。そのためには、従来の「ガス要解法」ではなく「電気分解法」の採用が必須だと考えていました。そんな中で、

独自の技術を持つ柏崎ユーエステック株式会社と連携し、新しい電極の開発に成功。超小型の電極ができたことにより、オゾン水生成器として世界最小クラスを実現しました。

他分野で強みを持つ企業と協業し、互いの技術を掛け合わせることで唯一無二となったのですね。商品の大きな特徴を教えてください。

田中　簡単に言うと、強力な殺菌作用のあるオゾン水をその場で生成し、ウルトラファインバブルによってその浸透性を高めているのが特徴です。除菌と言えばアルコール消毒が一般的ですが、アルコールは皮膚への刺激が強く、肌荒れの原因にもなります。一方、オゾン水は電気分解された「水」なので人体にも無害です。オゾン水の生成に必要なのは「水」だけで、キャップ一杯の水を容器に入れ、スイッチに触れてから三〇秒ほどで生成できます。さらにウルトラファインバブルが手肌などに吹きかけた時の浸透性を高め、隅々まで除菌性能を行き渡らせる手助けをしてくれます。安全で効果があることに加え、いつでもどこでも持ち歩きながら除菌ができることも魅力です。

強力な殺菌作用を持ちながら人体には無害なオゾン水を、水道水だけで生成できるとは素晴らしいです。それをカバンやポケットに入れて持ち歩く日常が容易に想像できます。

田中　二〇二〇年の看護・介護フェアで発表したところ、とても大きな反響で注目を集めました。アルコールでは手が荒れてしまうなど、肌が弱い人たちがこうしたものを待っていたという声も多く、とても嬉しいです。商品化はもう少し先を予定していましたが、新型コロナウイルスの影響で衛生面や除菌への意識がさらに高まっています。今後はウイルスとの共存生活になるでしょう。「Bollina O_3 MIST」は、毎日の手洗いに加え、マスク、スマートフォン、カバン、ドアノブ、野菜など、あらゆるものにシュッと一吹きするだけで消毒できます。これからのウイルス対策として、水だけで除菌できるコンパクトなオゾン水生成器は、新しい生活様式における必需品になっていくと思います。

このように、自社の技術を使って日常生活を改善することがメーカーの使命だと思っています。それをより多くの方々に提供できるよう、この度、株式会社シャルレの子会社となりました。「女性を元気にする日本一のグループ」をめざす同社に共感し、美しさと健やかさに貢献できる高品質なものづくりに、シャルレグループとして参加していくことになりました。私の代表としての活動は変わることなく、これからもウルトラファインバブルを活用した商品を開発していきます。そうした我々の技術力と、シャルレの発信力・販売力によるシナジー効果で、美しく健やかな暮らしをお届けしたいと思っています。

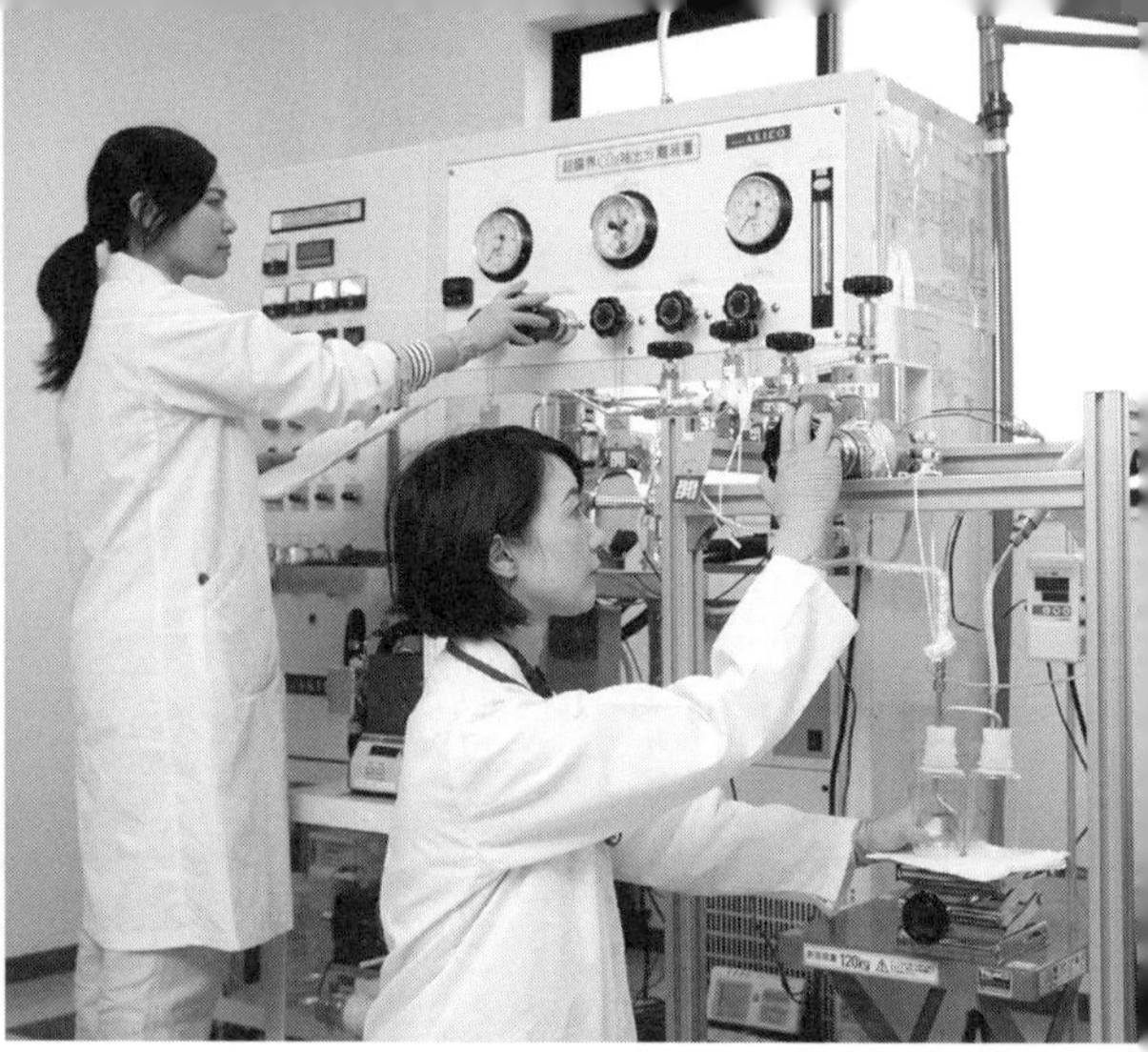

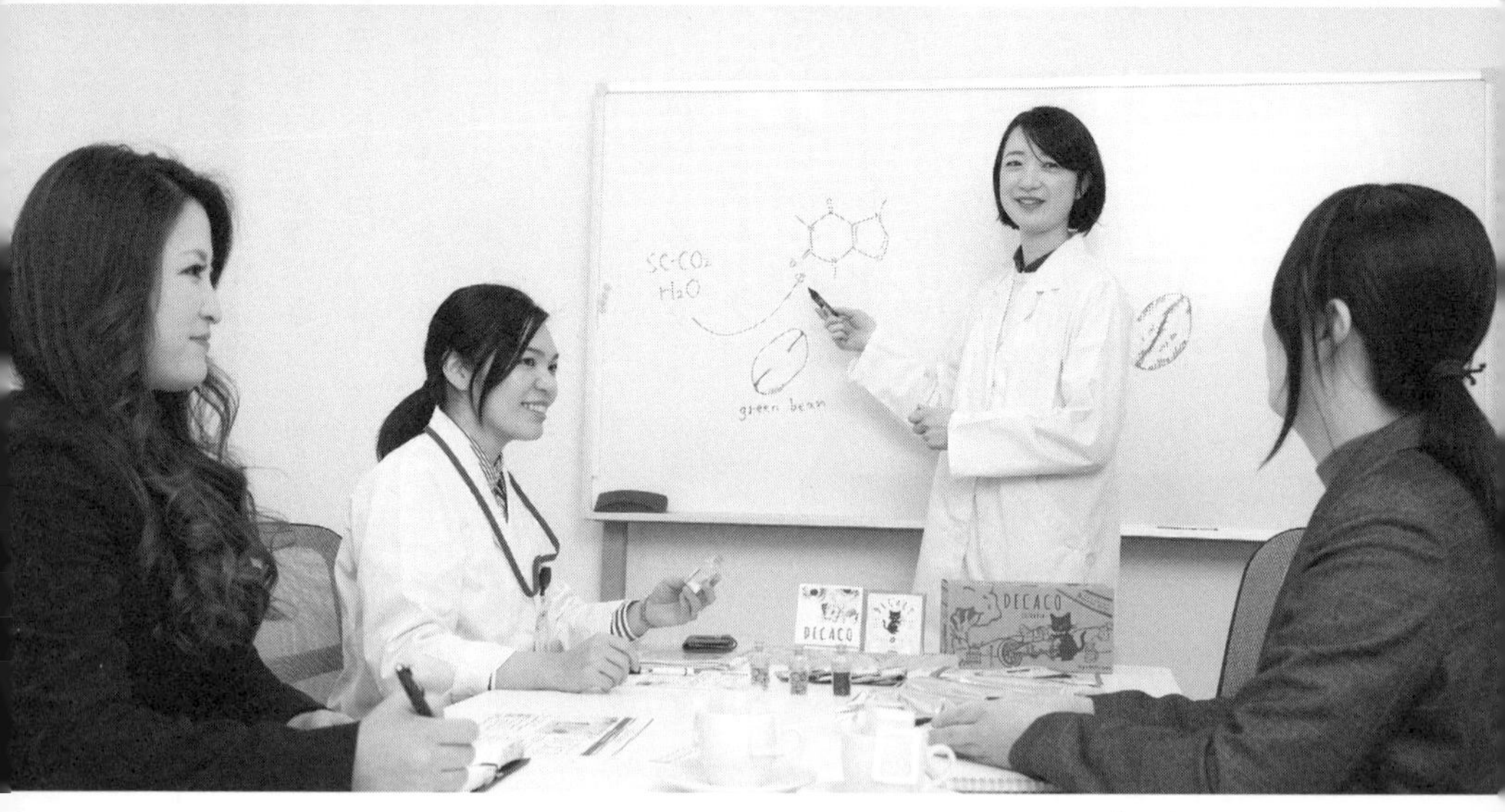

DECACO プロジェクトのメンバー

ケー・イー・シー グループ

〒 511-0854
三重県桑名市蓮花寺 1635-5
TEL：0594-33-3338　E-mail：info@decaco.jp
https://www.decaco.jp

カフェインレス珈琲を日常に

日本初のデカフェ工場が誕生

——二〇二〇年一月二八日に、KECグループによる日本初となる大型プラントのデカフェ工場が誕生した。環境に配慮したプロセス「GREEN DECAF PROCESS」を実現し、美味しくて安心安全、そんな世界基準のカフェインレス珈琲「DECACO」を商品化した、DECACOプロジェクトの四人の女性たちの活躍に迫る。

カフェインレス珈琲は、世界でどのくらい飲まれているものですか。

鈴木　カフェインレス珈琲は「デカフェ珈琲」とも呼ばれ、日本のデカフェ市場はまだ一%程度ですが、海外では一〇%以上のシェアを得ています。特に欧米では一五%と多くの人がデカフェを日常的に飲んでいて、カフェやレストランでもデカフェを選べることが当たり前になっています。現在では、珈琲豆からカフェインを抽出除去する方法として、薬品を使う「有機溶媒抽出」が最も一般的とされ、世界のデカフェの八〇％がこの方法で製造されています。他にも、水を使う「ウォータープロセス」と、超臨界二酸化炭素（CO_2）を使う「超臨界CO_2抽出法」があり、今回誕生したデカフェ工場では超臨界CO_2抽出法を用いて製造しています。

超臨界CO_2抽出とは、どういった技術なのか教えてください。

藤井　私たちが日常生活で目にするものは「固体・液体・気体」の三つの状態ですが、物質の温度と圧力を高めてそれぞれの臨界点を超えると超臨界状態になります。その状態になったCO_2を「超臨界CO_2」といい、これは液体でも気体でもなく、また液体と気体のどちらの性質も兼ね備えています。つまり、どこにでも隅々まで早く行き渡ることができる気体の拡散性と、成分を溶かし出して運ぶことができる液体の溶解性を持つということです。本来なら同時に持ち得ないこれらの性質を利用して、成分を抽出・分離する技術を超臨界技術といいます。

超臨界CO_2抽出では、気体と液体の性質を持つ超臨界CO_2が珈琲豆の中に染み渡り、短時間で安全にカフェインを抽出することができるだけでなく、味が良いことで世界中のバリスタたちから評価されています。使用したCO_2は処理後自然に揮発してしまうので、有機溶媒抽出法とは違い薬品などが残留する不安もなく安全です。例え残留していたとしても、炭酸飲料に入っている炭酸と同じものになります。もともと珈琲の生豆には焙煎によってCO_2を発生する多くの成分が含まれていて、焙煎豆がぷっくり膨らむのはこのCO_2によるもの。超臨界CO_2抽出は、実はとても理にかなった抽出法なのです。

以前はドイツとアメリカにもあった超臨界CO_2抽出のデカフェですが、プラントの老朽化で近年閉鎖しました。その頃から「デカフェの生豆を作れないか」という弊社への問い合わせが増えてきたように思います。

三浦代表取締役

そもそも、なぜKECグループが超臨界技術を使ったデカフェを自社商品として手がけることになったのでしょう。

根路銘　一九八四年に桑名で創業した株式会社ケー・イー・シー（KEC）は、「将来へ負の遺産を残さない」「住みやすい環境づくりが豊かな生活の基盤である」という思いからスタートし、従来の産業廃棄物処理事業をさらに発展させた環境ソリューション企業を目指しています。「チャンスを見逃さず、新しい価値の創造に挑戦し続け、持続可能な社会の実現に貢献する」という企業理念のもと、三浦社長は廃棄物に含まれる有害物質（PCB）の分解・無害化に超臨界技術を活用できないかと注目していました。そんな矢先、超臨界技術の勉強会が名古屋大学で開催されるとのことで参加したところ、超臨界技術の第一人者である名古屋大学の後藤教授、熊本大学の福里客員教授とお会いすることができました。長年のキャリアを持つお二人との出会いをきっかけに、KECグループの一員として超臨界技術センター株式会社が設立されたのが二〇一三年。福里氏を取締役に、後藤氏を顧問に迎え、超臨界技術やノウハウを駆使した技術サービスをスタートしました。こうした弊社の取り組みを知った化粧品・医薬品・食品業界の大手メーカーをはじめ、「この原料から、この物質を抽出できるか」といった問い合わせを受けるようになり、研究開発から試作品の製造を経て受託生産までを請け負うことのできる、日本で数少ない研究センターになりました。そんな中で、「珈琲豆からカフェインを抜くことはできないか?」という問い合わせが増えるようになり、事業化の話が出てきました。

世界的なニーズはあったとしても、日本では「デカフェ」という言葉もまだ浸透していない中での決断を後押ししたものは何でしょう。

根路銘　国内外からデカフェの問い合わせが増える中、大きな原動力になったのは産休に入った同僚の藤井さんの言葉でした。「妊娠中も珈琲が飲みたいのに、美味しいデカフェがない」。そんな妊婦さんたちのシンプルな願いに応えるためにも、本格的に事業化したい。そこで、名古屋大学とのコラボレーションでプロジェクトが立ち上がり「名古屋大学発ベンチャー」称号の第一九号を取得して、一気にデカフェ事業が動き出しました。

超臨界CO_2抽出による自社のデカフェ開発は、ラボスケール試験装置でたった一〇〇グラムのデカフェ処理から研究がスタートしました。最初は抽出の加減が全く分からずカフェイン以外の珈琲成分も抽出してしまい、薄いほうじ茶のような味で失敗ばかり。一日に何回も抽出しては試飲する毎日が続きました。二〇〇〇回を超える試験・試作を繰り返し、さらに一歩先の美味しいデカフェにするため、桑名在住でバリスタ日本チャンピオンの吉良さんとの共同開発が実現。吉良さん監修のもと、ようやく自信を持って商品化できる品質にたどり着きました。自社商品となるデカフェ「DECACO（デカコ）」の完成に伴ってデカフェ和泉工場が計画され、敷地が約一三五〇平方メートル、建屋が約五六〇平方メートルもある日本初の大規模なデカフェ工場が二〇二〇年一月二八日に完成。この工場では、「持続可能な社会の実現に貢献する」というKECグループの理念のもと、環境に配慮したカフェイン除去プロセスであることを示す「GREEN DECAF PROCESS」を掲げています。京都議定書でもCO_2の削減や有効利用が提言されていることから、この工場ではデカフェ処理で使用したCO_2を循環させる装置を装備した循環型のプラントとなっています。

SDGsにも合う提案ができているのですね。

藤井　SDGsの第一三項「気候変動に具体的な対策を」に対して、KECグループはCO_2

を排出する産廃業だからこそ、CO_2の循環を重要課題として取り組んでいます。第九項「産業と技術革新の基盤をつくろう」に対して、デカフェ豆だけではなくインフラから創出することを目指し、第八項「働きがいも経済成長も」をKECグループの最終目標としています。デカフェは飲む人を選びません。第一〇項目にある「人や国の不平等をなくそう」に貢献することができます。そして、日本政府が掲げる「すべての女性の輝く社会」の実現に向けて、この女性チームで『DECACOプロジェクト』を立ち上げ、開発から評価、営業、デザインもすべて女性が担当し、女性目線できめ細やかに「DECACO」の商品化を進めてきました。安全で美味しいデカフェを環境に優しい設備で作る、それが国内に誕生したことに大きな意味があると思っています。

デカフェ豆は加工処理している分、そのままの生豆よりも変質しやすいため、国内でデカフェ処理することにより輸送時間が短く、鮮度の良い豆を焙煎できることから、美味しいデカフェができると確信しています。

バリスタ日本チャンピオンの吉良さんの反応はどうでしたか。

桐山　これまでにも海外のデカフェを取り扱うことはあったという吉良さんですが、「自分が考える美味しい珈琲の絶対条件である甘みに関して物足りなさを感じていた」そうです。「DECACO」を初めて試飲した時には「当店のコロンビアと味を比べるために同じプロファイルで焙煎したところ、デカフェと言われなければ分からないほど、ほぼ同じ味わいでした。コロンビア特有のチョコレートのようなフレーバーとオレンジのような爽やかな甘み、しっかりとコクもあり十分な満足を得られるものでした」と言っていただきました。そして「大げさでなく、超臨界CO_2抽出はデカフェ業界で大きな波になると思いました。共同開発では、これまで自分が培ってきた珈琲に対する知識と経験を存分に注いでいこうと決意しました」と。こうして、吉良さんのお店でも取り扱いできる最高のクオリティになりました。

最後に今後の展望を聞かせてください。

鈴木　「産休に入る同僚に美味しいデカフェを届けたい」という想いから始まったDECACOプロジェクトですが、美味しい珈琲を飲みたい妊婦さんだけでなく、カフェインによる睡眠障害や利尿作用に悩む珈琲好きの人たちにも楽しんでもらいたいです。安全な超臨界CO_2抽出であること、それが国内処理によってさらに安心できる美味しいデカフェになったことが、これからの新しい珈琲文化を作っていくと思います。大人から子供まで、カフェインの取りすぎを気にせず、いつでもどこでも普通にある日常の飲み物として、これからも「デカフェ」の存在を高めていきたいです。

デカフェ事業部 三浦取締役と
デカフェコーヒー商品

――「安心安全でおいしいお肉を食べてほしい」という〝造り手の想い〟と、「家でもお肉をおいしく食べたい」という〝使い手の想い〟をカタチにした、〝重い〟フライパン。この三つの〝おもい〟にこだわり、鋳物の魅力を最大限に引き出した『おもいのフライパン』を創り上げた石川鋼逸のものづくりに迫る。

まずは創業の歴史から教えていただけますか？

石川鋼逸（以下石川）　もともとは碧南市の棚尾で運送業や精米業などを営んでいましたが、これからやって来るものづくりの時代には製造業がいいと、曾祖父である石川市郎が友人の鋳物屋で修行をした後、一九三八年に石川鋳造所を創業したのが始まりです。大同製鉄の指定工場、平岩鉄工所の協力工場、大隈鉄工所の主要外注工場として織物機械部品を中心に委託製造をしていました。その後、高度経済成長で繊維に代わって車の生産が増えると、昭和四〇年頃からは自動車関連部品の製造が始まりました。しかし近年、ハイブリッド車や電気自動車が普及していく中、弊社における自動車関連部品の生産が減少していくのは目に見えています。

そこで今後の生き残りをかけての商品開発が始まるのですね。

石川　はい。自社製品の強みを活かし、自動車関連部品に代わるものはないか。生き残りをかけて社内にプロジェクトチームをつくったのが、私が社長に就任して四年後の二〇〇八年。きっかけとなったのは、やはりリーマンショックです。時代の流れに左右されない、自分たちにしかできないものを開発すべきだと強く感じました。

社運をかけたプロジェクトのチームをまとめていくのはとても大変だったと思います。

石川　それには子供の頃から野球をしてきた経験が活かされていると思います。大学では準硬式野球で全国二位になり、卒業後の七年間は母校で高校野球の監督も勤めました。夢を追いかけること、やり抜くこと。そのためには目標設定をしっかり立て、それに向けて何をするかを明確にしなければなりません。チームプレーである野球を通して、皆で力を合わせて一つの目標に向かっていくことの大切さを、選手としても監督としても経験させてもらいました。また弊社の企業理念は「和」です。家族のように仲良く、何をやるにも力を合わせること。そうしないと上手く進まないと思っています。

会社にはチームプレーの素地ができていたのですね。最初からフライパンを造ろうと決めていたのでしょうか？

石川　いいえ。ただ、我々は鋳物屋です。飲食業などの異業種に出るのではなく、鋳物屋である我々がやれること、その特性や技術、品質を活かせることを考えようと言いました。そこでまずは鋳物の良い点と悪い点を出し合いました。良くないのは重いこと、それに尽きます。その一方で頑丈なこと、熱伝導が良いこと、蓄熱温度が高いことが利点となります。そして最も特徴的な熱伝導を活かせるのはどんな商品なのか議論を重ねてたどり着いたのが調理器具で、中でも一番用途が多いだろうフライパンを造ることにしました。しかし鉄鋳物のフライパンはすでに人気ブランドがあり、鋳物を扱う企業が様々な自社製品を造っています。後発である我々が造るなら、弊社にしかできないことをやるしかない。そこで石川鋳造の鋳物の強みを改めて考えた時に浮かんだのが、「石川鋳造さんの鋳物は肌がキレイですね」というお客様たちからの言葉。鋳肌がキレイだという特徴があるからこそできるのが無塗装です。それなら、世の中にまだ出回っていない無塗装のフライパンを造ろうということになったのです。

ほとんどのフライパンは焦げにくいコーティング、鉄フライパンでは錆びにくい塗装が施されています。それをあえて無塗装にすれば、大きな差別化になります。

石川　一般的なフライパンのほとんどは塗装されています。それは錆びない焦げないといった利便性だけでなく、見た目をキレイにするためでもあります。逆にキレイであれば塗装をする必要はなく、我々が開発した「おもいのフライパン」は、フライパンの表面をキレイに仕上げられる技術力があることの証でもあります。しかし我々が無塗装にこだわるのは、そこには様々な利点も生まれるからです。塗装をすれば熱伝導率は下がり、鋳物最大の利点が弱まってしまいます。また塗装は一〜二年で剥がれ、やがて錆びて使えなくなってしまいます。その塗装材からは有害物質が出る可能性もあるとされています。食事をつくる道具にそんなことがあっていいのか、人の口に入る食べ物は安心安全でなくてはいけない。やはり無塗装のフライパンしかないと思いました。もちろん、無塗装でも商品としての完成度を追求できるのは、鋳肌がキレイだという我々の強みがあるからこそだと思っています。

調理器具による有害物質が体内に入る危険性は見逃せません。無塗装の様々な利点も目からうろこですね。残る課題は「重さ」です。

石川　はい。しかし軽くしたところで、すでに「鉄のフライパンなのに重くない」ことをウリにした商品はあったし、また安易に軽くすれば、熱伝導や蓄熱温度といった鋳物本来の魅力が損なわれてしまいます。それならば思い切って自分たちが良いと思うもの、そして使う人が笑顔になるものを形にしてみようということになりました。そこでいろんな店に出かけては、人が笑顔になる瞬間を観察していたところ、それが顕著に表れるのが肉料理を食べている時でした。だったら大好きなお肉を家でもおいしく食べられるよう、世界で一番お肉がおいしく焼けるフライパンを目指そうと。鉄板焼専門店に行けば分かるのですが、高級店ほど鉄板は分厚くなります。その厚みがお肉をおいしくしているのだと思い、試作してみるとやはり厚くするほどおいしくなりました。あとはどこまで厚くできるか、重さとのバランスの折り合いをどこでつけるかです。大きいほど重くなるので、まずは小さめの二〇センチのフライパンから造ることにしました。目標は肉がおいしく焼ける厚みで、なおかつ力の弱い女性でも扱えることでした。

このフライパンは鉄製だから重いのは当たり前なのですが、他の製品に比べてすごく持ちやすいですよね。

石川　ギリギリまで厚くしたフライパンを、どこまでその重さを感じさせないようにするかが、次の課題でした。軽量化を重視するフライパンは取っ手が薄いため、持ちにくくてすぐに手が痛くなってしまいます。結果として、軽くしているはずなのに重く感じてしまう。これには取っ手の形状が大きく関係しています。デザインや重さだけでなく、長さや取り付ける角度も重要で、これらのバランスがすべて整った時に「女性が持っても痛くない」フライパンになります。本体と取っ手のベストなバランスを見つけるまで一ミリ単位で角度を調整し、設計・試作を繰り返しました。こうして完成した弊社のフライパンは、他の軽いフライパンと比べても重さを感じにくく、持ちやすいはずです。

このフライパンの威力は、やはりお肉を焼いた時に一番良く分かります。

石川　普通のフライパンやホットプレートでは絶対に出ない味です。フライパンに厚みがある分だけ高温で熱伝導も良くなるため、ただ表面に焼き目が付くだけでなく

中まで火が通ります。早くに焼き上がるのでお肉は硬くならず、肉汁が外に逃げずにジューシーさをキープしてくれるのです。実際に使った人たちからは「フライパンだけでもお肉の味が変わるんだ！」という声や、「鉄鋳物は扱いが面倒と思っていたけど、すぐに慣れるし大した手間ではない」と言っていただけます。無塗装だからコーティングが剥がれる心配もなく、簡単なお手入れでずっと安心して使えます。そして使うほどに油がなじみ、黒く艶が出てきます。そうなればもう錆の心配もほとんどなく、むしろ通常のフライパンよりも使いやすくなっているはずです。だからお肉を食べる時の特別なフライパンとしてではなく、目玉焼きや野菜炒め、またオーブン料理にもどんどん使ってほしいですね。もっといろいろな料理を楽しみたいという声から、現在は『おもいのシリーズ』として六種類のバリエーションで展開しています。また、おもいのフライパンが大切にしている、「食の安全安心・食の楽しさ・地球環境への配慮」の三つの想いに共感し、こだわりをもってものづくりをされている生産者の方たちと共に『おもいのプロジェクト』を立ち上げ、お肉をはじめ、カッティングボードやテーブルウェアなどと一緒に、確かな品質とその価値を伝えています。

明確なコンセプトがあるからこそ、そこに引き寄せられる人たちとつながり、そしてまた新しいプロジェクトがスタートしました。

石川　「おもいのフライパン」が多くのメディアに取り上げられて注目されたことから、地方のお肉屋さんにも認知されるようになり、また「おもいのプロジェクト」をご一緒するお肉屋さんからもフライパンを店に置きたいと言ってもらえるようになりました。すると一軒のお肉屋さんだけで三ヶ月に百個も売れたんです。フライパンを売ることでお肉も売れると喜んでいただくうちに、

「お肉が世界一おいしく焼けるフライパンだから、お肉と一緒に届けたい」という想いが強くなりました。それで二〇二〇年六月に、「お肉をおいしく食べる」というコンセプトのもと、お肉のサブスクをスタートさせました。全国一三軒のお肉屋さんと提携し、一般の方があまり手に入らないようなおいしいお肉を毎月お届けするというものです。フライパン購入者への告知から始まり、現在は購入者でなくてもサブスク会員になるとフライパンを無償レンタルサービスしています。

そして、さらにお肉を美味しく食べていただけるよう、お肉に合うワインのサブスクも始まりました。宇都宮でこだわりの熟成ワインを作っている方がいて、これもあまり表には出てこないおいしいワインです。「せっかくおいしいお肉が届くようになったから、それに合うワインが欲しいのだけど、何がいいのか分からない」というお客様からの声がきっかけでした。

当初からネット販売でダイレクトマーケティングを意識し、お客様の声をすぐに商品やサービスへと反映されてきたことも大きいように思います。最後に今後の展望をお聞かせください。

石川　お客様が何を求めているのかを知ることが、我々が何をすべきかにつながるように思います。まだまだ製造業は厳しい状況にありますが、日本には素晴らしい技術や強みを持った会社がたくさんあります。けれど、今の時代に何を作ったらいいか、それをどう売ったらいいのか分からないという声をよく聞きます。今後は、いいものを作っているけれど販売や発信の仕方が分からないという会社さんなどに向けて、我々の経験をもとにしたコンサルティングや講演活動も増やしていきたいと思っています。その確かな品質や技術を世の中に出して広げていく方法を一緒に考え、実現し、それによって人々の暮らしがよくなっていくことが、これからの製造業のあるべき姿なのだと思います。

――長く地域に愛される店作りをモットーに、東三河で一六店舗の飲食店を展開するGG INTERNATIONAL。そのほとんどが地元では初業態だというから驚きだ。これまで地方にはなかった業態が次々と受け入れられ、地域に根付いて賑わっている。そんな人々を魅了し続けるこだわりの店づくりに迫る。

自分たちが行きたいお店、今までにないお店

まずは創業の歴史から教えていただけますか。

園田孝寛（以下園田）　私は長野県に生まれ育ち、大学進学とともに豊橋へ越して来ました。飲食店でアルバイトを始めて一年ほど経った頃、お店を拡張するかたちで新店舗をオープンすることになり、当時最先端の内装を手掛けていたＭＹＵ ＰＬＡＮＮＩＮＧさんが店舗を作っていく様子をずっと近くで見ていました。そのお店は靴を脱いで店内に入り、バーカウンターでカクテルを飲むダイニングバーのような業態で、当時の豊橋にはないお店でした。そんなお店を自分でも作りたいと大学四年生で決意し、「自分たちが行きたいお店、今までにないお店」というコンセプトのもと、一九九九年に五〇坪六〇席のダイニングバー『ＧＲＩＧＲＩ』をオープンしたのが始まりです。二二歳の時でした。

二二歳で自分の店を持つとはすごいです。「今までにないお店」で最初から上手くいきましたか。

園田　初めての店づくりで、やはり資金繰りは大変でした。なるべくお金がかからないように工夫し、自分で作業できることはやって、オープン後はバーテンダーとして店にも立ちました。そして有り難いことに、お店はオープン当初から多くのお客様で賑わいました。「今までにないお店」で、「地域の人にも求められるお店」ができたと思えて嬉しかったですね。私の目的はお金を稼ぐことではなく、東京にあるような感度の高い、洗練されたお店を豊橋にも作ることでした。それによって豊橋の町に活気が生まれれば、地域への社会貢献、そして食文化の向上にもつながっていくんじゃないかとも思っていました。

そうした理由から、一店舗目が繁盛する中で早くも二店舗目となる『月とうさぎ』をオープンされたのですね。

園田　『月とうさぎ』は、大正時代の蔵をリノベーションしたお店で、メニュー開発から店舗の内装までの全てをセルフプロデュースしました。『ＧＲＩＧＲＩ』をオープンしてからも、まだまだ自分の力を試したいという気持ちが強かったので、とにかく自分に足りない部分を補いながら勉強を続けていたこともあり、さらに深く入り込んで自分が目指す店づくりをすることができました。もちろんここでもオープン当初は自ら厨房に立ち、お客様を迎えました。豊橋市内からちょっと離れた二川駅の駅前でしたが、こちらも多くのお客様にお越しいただける繁盛店となりました。

新業態への挑戦、そして気づき

挑戦は成功し続け、四店舗目となる『炭火すみのかほり』は焼肉屋でした。ここで業態が変わったのは、何か転機があったのでしょうか。

園田　その頃は、郊外展開していた大手焼肉チェーン店さんが続々と名古屋に進出していくという、焼肉業界の転換期でした。もともと焼肉業界に興味があった私は、その動きに刺激を受けたわけです。そこで、東京のインテリアデザイナーたちが手掛けたカウンター型の焼肉店を参考に、「デートで使える焼肉店」として差別化を図り、豊橋にオープンしました。こちらも繁盛していたのですが、今度は焼肉の奥深さに気づかされたんです。それからは試行錯誤の連続で、肉の仕入れやカット、焼き方から温度管理、さらにはタレの作成まで、毎日研究を重ねる日々。例えば、和牛と輸入肉では合う味付けが異なるため、タレもそれぞれに開発しました。この時に培ったノウハウが、その後の焼肉店にも活かされています。

その経験が、〝ヒレ焼肉〟という新しい食文化を発信する『シャトーブリアン芯』にも繋がっているわけですね。その後も新業態への挑戦は続いたのでしょうか。

園田　今後も会社が成長していくことを見据えて、飲食業のビジネス展開として新業態を考えるようになりました。チェーン店のパッケージを作り、アルバイトで回せる店づくりを行い、もつ鍋業態の『お江戸 本店』、『お江戸 ＨＡＮＡＲＥ』を次々とオープンしました。さらに展開していく予定でしたが、三店舗目のオープンはしませんでした。私がやりたいことはこれではないと思ったからです。やはり、豊橋にまだない、感度が高くて洗練されたお店を作りたいという気持ちの方が大きかったということですね。

そのような感度の高いお店はどのようにして知るのでしょうか。

園田　もともと私は自分を成長させることをとことん追求する性格で、学び続けることが大好きでした。常に最先端の現場を見たい、感じたいと思っていたので、当時から東京に留まらず時には海外へも足を運んでいました。行く先々の街で感度の高いお店に出会い、感化され、地元にもこのようなお店があったら楽しいだろうなという思いから、新しい業態の開発を行っています。アンテナを高く張り、自分も意識を高く持つことで、感度の高い店づくりができると考えているからです。

地元で愛され続ける店に

意識を高く持つことで新しい業態が生まれるわけですね。最近では地元の食をブランディングされたり、地域と向き合う姿勢も強く感じます。

園田　二〇一五年に『三河赤鶏おいでん』をオープンする際、地元の鶏屋さんに「《三河赤鶏》という名を使ってもいいですか？」と聞いたら、「どんどん使ってください。私たちもバックアップします」と言ってもらえたことがすごく嬉しくて、素晴らしいかたちだなと思いました。この時、お世話になっている先輩が以前話してくれた「周りの人から応援されるような人間になれ」という言葉の意味も胸に沁みました。応援されるような人になり、応援されるような企業にならなければと思いました。

地元から応援される人と企業になるために、何か具体的な取り組みがあったのでしょうか。

園田　この経験で、私の考え方は一八〇度変わったと思います。それまでオペレーション重視で後回しになっていたスタッフ教育を大切にするようになりました。スタッフと向き合う時間を増やし、関係性をしっかりと築きながら、人材育成に力を入れています。そこで働く人の成長は、間違いなく会社の成長につながります。成長とは、それまでできなかったことができるようになること。例えば、挨拶ができる、ありがとうと感謝ができる、お客様や人に対して気遣いができること。そうした一つ一つのことが実は大切で、ここで働くうちに気づいたらできるようになっていたというのが理想です。それが環境づくりだと思っています。私が口にしている言葉をいつの間にかスタッフも言うようになっていて、店に対する思いにも共感してもらえているのも嬉しいです。スタッフが変わっていく姿、そんなスタッフが尊敬されるようになること、またスタッフから「仕事が楽しいです」と言われた時の喜びは言葉にできません。心が震えることなんて今までなかったのですが、人が変わっていく姿を目の当たりにし、それに感動を覚え、心が震えました。

スタッフ教育に力を入れ、またスタッフが気持ちよく働ける環境づくりが、お店でのサービス向上にも繋がっています。

園田　飲食店は人がすべて。属人性の高い業界だと思うので、そこで働く人の力が重要です。美味しいのはもちろんのこと、そこで差がつくのがスタッフの応対であり、ホスピタリティです。人が輝けば、店も輝きます。そこで、ちゃんとした考え方を持った「魅力ある人材」を育成する基本となっているのが「Give and Give」の精神。これは創業当初から私が常々口にしている初心の言葉であり、社名のGGとは「Give and Give」からきています。この素晴らしい精神を広げていきたいという想いで名付けました。

なるほど、社名でもあるGG（Give and Give）の精神をスタッフに浸透させることが、魅

力ある人材を育成する分かりやすい指針となっていますね。

園田　先日、うちでアルバイトをしていた青年の就職先が、偶然にも知人の会社だったようで、「GGでGive and Giveを学んだ」という話をしていたと聞きました。この連鎖って素晴らしいなと嬉しくなりました。こうして一人でも多くの人にGive and Giveの精神を伝えていきたいと思うし、それが意義ある社会貢献にもなっていくように感じます。

まさにGive and Give精神の連鎖ですね。素晴らしいです。最後に今後の展望を教えてください。

園田　第一号店のダイニングバーに始まり、焼肉店、もつ鍋屋、鶏専門店など、東三河という地域と向き合い、この街で必要とされるようなお店を展開してきました。いずれも根本にあるものは何も変わっていません。「感度の高い店づくり」、そして「新たな美味しさと食文化」です。地元でもこんなに美味しいものが食べられて、都会を感じられる素敵な空間があることを知ってもらいたい。中でも豊橋駅前の『焼肉 塩すだち』は、感度の高い東京の方たちにも支持されています。食材からアートワークまでこだわり抜いた、地方ではまず見ない洗練された上質なお店で、「東京にもこんなお店が欲しい」と言っていただけるほどです。そうした言葉を聞くと、「東京に負けてない」と嬉しくなります。東京にお店を出すのではなく、ここ豊橋で地元の人に長く愛され、そして東京からも人を呼べる、そんなお店を増やしていきたいですね。

――「職人が販売する靴屋」をコンセプトに足や靴の悩みを解決する職人集団、中山靴店グループ（有限会社中山靴店・株式会社弥次右エ門）を率いる、中山憲太郎。好きな言葉は「天才は有限、努力は無限」最富の履き心地の靴を提供するために現在も世界を飛び回り、足と靴の勉強を深める。「日々勉強、生涯勉強」という謙虚な姿勢の彼は、何を目指しているのだろうか。

青春時代はどのように過ごしていたのですか？

中山憲太郎（以下中山）　二三歳の時に祖母の代から続く「中山靴店」を継ぎました。実は店を継ぐ気は全くありませんでした。四歳の頃からサッカーを始め、小学、中学、高校では県選抜チームのメンバーにも選ばれ全国大会にも出場しました。大学四年の春、プロを目指してアルゼンチンに留学しましたが、怪我で断念。それでもサッカーと関わっていたい気持ちから、スペイン語を習得してサッカーの指導者や選手の通訳になろうと、大学卒業するとメキシコへ語学留学。そこで偶然にも靴職人と知り合い、工房で修行。人の足を支える靴の魅力に気付かされ、靴作りにのめり込みました。

留学中の靴職人との出会いが、靴屋を継ぐきっかけになったのですね。

中山　店を継いで自分の作った靴を販売できればいいと思いつつ、いざ戻ってみると店はほとんど機能しておらず、多額の借金で債務超過という厳しい状態に陥っていました。母には継がなくていいと反対されましたが、亡くなった祖母をはじめ周りの人たちからは継いでほしいという気持ちが伝わってきました。自分自身もどこかに雇われるのは嫌だったし、今さら引けませんでしたね。

家族会議の結果、私に運営のすべてを一任することが決定。最初から店の立て直しを迫られる厳しい船出となりました。「背水の陣」の強い気持ちで目指したのは、「明日、隣に大手量販店が来ても微動だにしない店づくり」。子供から大人まで、長靴や学校の上履き、スニーカーにハイヒールパンプスなどあらゆる分野の靴を扱うフルライン型で、一方コンフォート店のような専門性の高い接客を目指しました。

同時に、メキシコで学んだ靴作りを生かすべく注文をとりはじめ、オーダーメイドシューズの製作をスタートしましたが、人口五万人の町の靴屋で注文してくれるお客様は足の悪い年配の方ばかりでした。

売上欲しさに、お客様からのすべての注文に「はい。出来ます」と答えたまでは良かったのですが、履き心地のよい靴を作るためには専門知識と技術が必要なことを痛感。限られた人手と資金で店を切り盛りしながら、ドイツ人のマイスター（親方）が教える東京のセミナーに四年間通い、解剖学や整形外科の知識、靴や中敷きの製作法などを身につけました。

二〇〇六年二月にはマイスターの勧めで渡独。医師の診断に基づき、外反母趾など足に悩む人向けに特製の靴や中敷きを作ることができるドイツの国家資格、整形外科靴職人「ゲゼレ」を取得しました。帰国後の四年間はほぼ休みなしで働き、そのおかげか客足は次第に回復していきましたね。

現在、岡山県内に岡山店、倉敷店、イオン店の三店舗、県外に札幌店、大阪店、京都店の計六店舗。また二〇一二年に輸入卸会社（株）弥次右ヱ門を設立し、二〇一三年に修理専門店ラブーロ、二〇一七年にオリジナルブランド「Ｔｏｒｕｎｄｏｔ」の製造を主に行う自社工場を設立し、スモールＳＰＡ業態を確立しました。

また二〇一二年から五年間、社会人学生として医療系の大学院で足の研究を行い、二〇一七年に保健学博士号を取得。博士論文はイギリスの学術誌に掲載され国際基準に先駆けた研究として世界に認められました。ドイツ国家資格「ゲゼレ」、上級シューフィッター、保健学博士の三つのライセンスを取得しているのは日本で唯一になります。

オーダーメイドの靴や中敷きが評判ですよね。

中山　足のサイズが同じでも、人それぞれに骨格や筋肉は異なります。日常的に履く靴だけに、選び方を間違えると痛みや苦しみを感じます。「中山靴店」には日々、外反母趾など足の障害に悩む人からの相談が寄せられます。「全身が痛くなってきた」「なるべく疲れがたまらない靴を作ってほしい」そのような声に応えるべく、一人一人に合った履き心地の良い靴と中敷き作りに取り組んでいます。

接客していて大半の人が自分の足の本当の大きさや特徴を知らないことが気になりました。眼鏡を買う時に検眼するように、靴を買う時には足を測定して、足を大切にしてほしい。しかし、正確な採寸は一五分以上要し、お客様に同じ姿勢を保ってもらわなければなりません。もっと簡単な採寸方法を探していた時に三次元足型計測機を知り、二〇〇七年に岡山県内で初めて３Ｄ足型計測機を導入。これにより片足約一〇秒で、足のサイズを全方位から測定できるようになりました。

この計測データをもとに既成品から合う靴を選び出し、足の悩みをカバーする中敷きを作ると、靴選びも失敗なく「ぴったり」だと評判に。長年無理を続けてきた人ほど、その心地よさ、歩きやすさに大きく驚きます。でもこれは特別なことではなく当たり前のこと。靴は心地よく履けてこそ靴。それが中山靴店の基本です。

人材育成にも力を入れていますよね。

中山　中山靴店の言う「職人」とは「自分が作って自分が売る」という、実にシンプルなスタイルです。たくさん売ろうと思うなら、本当は作り手と売り手は、分けた方が効率がいい。レストランがキッチンとホールスタッフを分けるように……。でも中山靴店の職人は「作るだけじゃダメだ」と思っています。お客様の悩みや要望を自分で聞いて、それを中敷きや靴で形にして責任を持って売る。それが中山流の職人スタイルです。

作った本人が直接、お客様から反応を聞くので「良いか、悪いか」の結果はダイレクト。だから最良のモノが提供できると考えています。有名アイドルグループじゃありませんが、個人でもやっていける集団が理想。自分で作って、自分で売れる職人が集まってこそ、店の技術やサービスは成長し続けることができます。

そんな「中山流靴職人」を育てるため、技術や知識の伝承にも手を抜きません。ド素人から足のプロになってもらうために社内学校のような仕組みをつくり解剖学から靴の知識、製作技術などを徹底的に教え込みます。加えて、「中山流靴職人」には、プラスアルファの「感動」をつくってほしいと考えます。職人たちに求める「感動」とは何か。例えば、お客様が誕生日であることに気付いたら、プレゼントを用意して差し上げるとか……やることは何でも良いんです。お客様の期待を越える価値の提供が「感動」だと考えています。

大切なのは、日頃から自身の感度を高めているかどうか。それを意識していれば、お客様とのコミュニケーションの質が上がり、感動を覚えていただけるような商品が提供できますし、より技術も向上できると思います。そのために、僕自身も自ら店頭に立ち、お客様の声を聞き逃さないように気を配っています。

ラジオに出演したり、講演活動も行っていますね。

中山　ラジオは一〇年以上も出演させていただき、リスナーの足の悩みに答えたり、整形外科の医師らとともに足と靴の関係の大切さを伝える講演活動を精力的に行っています。これは中山靴店の情報発信の役目も担っています。足についての啓蒙活動を行うことにより、これからも正しい靴の知識を広めていきたいです。

今後の展開をお聞かせください。

中山　今、取り組んでいるのはネットと実店舗とのオムニチャネル化です。以前から中山靴店を紹介したいけどなかなかお店に行けない。お店に行かなくても中山のサービスを受けたいという声は多く寄せられており、今回のコロナショックでさらに要望が高くなってきました。

そこで一番の人気商品であるオーダーメイドインソール「Dr.insole」を改良し、ご自宅から簡単に注文できるオーダーメイドインソール「Dr.insole 3D」を開発しました。自社のオリジナル商品と連動させ、「職人が売る靴屋」をネット販売でも実現していきたいと考えています。ただしネットだからと効率性を求めるのではなく、中山流のネット販売を目指すと共に店舗の価値をより高めるようなものにしたいと思います。また、最近ではお家時間が長くなったこともあり、家の中でも足の負担を軽減できないかというお声を多数いただくようになりました。一般的に我々日本人は室内では靴を履かないため、せっかくオーダーメイドインソールを作っても履いている時間は限定されます。そこでインソールを靴に入れるのではなく、足につければよいという発想の、サポーターと一体になったようなインソールを現在開発中です。家の中はもちろん、靴の脱ぎ履きが多いお仕事の方や、和装関係など靴を履けないお仕事の方で足にお悩みの方には喜んでいただけるのではないかと考えています。

この他にも、イタリアのアウトドアメーカーと組んで「トレッキング機能とスニーカーデザインを掛け合わせた新感覚タウンシューズ」を開発し販売をスタート。さらにオランダ発の「自分で作れるスニーカー」もネット販売含めたプロジェクトが始まっています。

将来的には、自社の強みを掛け合わせた店舗を海外に出店したいと考えています。理想は靴の本場であるヨーロッパに出店し、世界的な靴屋になりたいと思っています。そして最終的には靴学校を開くのが夢ですね。その学校を出れば一人で稼げる、自立した「靴人」を育てる学校です。そこでは靴や足のことはもちろん、営業や経営についても学べ、講師には自社の社員を中心に、国内・海外で出会った本物の方達をお呼びしたいと考えています。

——ライフスタイルショップでありながら、国産のオリジナル家具を全国展開する「インテリアブランド」であり、インテリアが際立つ感度の高い空間を手がける「一級建築士事務所」でもあるREAL Style。東京にもないショップスタイルで全国に七店舗を展開するリアルスタイルが、インテリア業界と建築業界の枠を超えて挑戦する、日本の確かな匠技を生かしたモノづくり・空間づくりに迫る。

まずは創業の経緯からお聞かせください。

鶴田浩（以下鶴田）　名古屋の東別院に第一号店となるライフスタイルショップ「REAL Style本店」を、二〇〇二年にオープンしたのが始まりです。僕が三八歳の時でした。きっかけは、学生時代に行った初めてのヨーロッパ旅行で、パリのＨＡＢＩＴＡ（ハビタ）を見て衝撃を受けたことです。約四〇年前のパリには、大人向けのかっこいいライフスタイルショップがすでにあったんですね。こんなお店を日本でもやれたらすごいと思って、それがずっと頭にありました。

大学卒業後は、しばらくデザイン住宅や高級住宅を得意とする建築会社で、現場監督や設計プロデュースをしていました。そこでは有名な建築家の方の作品も手がけるわけですが、完成した住宅の写真には家具も何も置かれず、単なる空間として撮影されていたんですね。

人が生活するための場所なのに、生活に必要なものを排除して空間のフォルムだけを提案することに違和感を感じていました。この二つの経験から、独立したら日用品や家具といった手に触れるものから、空間そして建物のすべてをトータルでやりたいと思っていました。

ライフスタイルショップでありながら、空間デザインも手がけるという他にないショップスタイルで、その草分け的な存在となりました。

鶴田　REAL Style本店というのは築九八年の建物で、鉄筋コンクリートでは愛知県庁よりも古い、名古屋屈指の歴史的建造物です。この前をたまたま通りがかった時には廃墟も同然でしたが、味のある佇まいに惹かれ、店を開くならここだと決めていました。それから三年後にオープンすることになり、リノベーションして生まれ変わった建物は、その年の名古屋市景観賞を受賞しました。当初から一級建築士事務所を併設していますから、もちろん設計デザインは自社で行っています。

弊社のように、ショップが設計事務所の窓口にもなり、住宅やリノベーションを直接請け

負うというのは、現在でもほとんどないと思います。ショップが窓口になっても、提携する設計事務所や工務店などに引き継ぐのが通例だからです。そもそも空間は設計事務所に依頼し、そこに置くモノはショップで購入することが多いため、空間とモノを別々に考えてしまいがちですが、両方からアプローチすることで空間としての価値や完成度はぐっと高まります。本来、住空間とはそうあるべきだと思っています。

REAL Styleに並ぶアイテムは、国内外の優れた家具やインテリアです。どのようにセレクトされているのでしょう。

鶴田　まずREAL Styleは、創業当初からインテリアブランドとして日本の匠技にこだわった国産家具づくりをしています。大学からの友人が実家の家具メーカーを継いでいたので、そこでオリジナル家具を作ってくれるというサポートもあって、REAL Styleというブランドができ、ショップの形にすることができました。

日本にはヨーロッパほど、家具の文化がありません。床座の日本で家具といえばタンスのことだったからです。それに対して家具文化が成熟しているヨーロッパでは、家具が空間にきちんと調和しています。一九八〇年代後半に日本でインテリアブームが起こり、フィリップスタルクなど海外のブランド家具が売れるようになった時も、海外とは空間づくりが違うので、アイテムをただ日本の空間に持ってきても落ち着かないわけです。そこで、日本のサイズに合う、日本人が落ち着く家具を作ろうと思いました。日本の空間に調和する、無垢でソリッドな家具です。
　そうした日本の風土にふさわしいオリジナル家具とともに、世界中の上質なインテリアを取り揃えています。国内にないものは海外で買い付けをしています。中でもスペインとのつながりは強く、リサイクル繊維で織り上げるサスティナブルなラグから、その独創性が人気でインドの女性支援にもなっている高級ラグまで、またステイホームでさらに注目を集めた高級ハンモックの日本輸入代理店でもあり、全国三〇〇社に卸しています。そうした国内外の優れたブランドアイテムをワンストップでコーディネートできることも大きな強みです。
　おかげさまで創造性や感性を求めるお客様にご支持いただき、大手百貨店さんでの展示会を重ねながら、二〇二一年にはジェイアール名古屋タカシマヤさんに常設店をオープンしました。自社のオリジナルブランドに海外ブランドをミックスしたコーディネート、そしてリノベーションから新築までを深いサービスで提供できることが評価されているように思います。

ショップだけでなく、設計業や卸業があるというのは経営の面でも手堅いですね。ここで、日本のモノづくりについてもう少し詳しく聞かせてもらえますか。

鶴田　日本のモノづくりの素晴らしさを再確認したのは、二五歳で建築会社を辞め、一年かけて世界中を旅した時です。けれど、日本のプロダクトには世界にも誇れる優れたものがたくさんあるのに、それを作る産地や業者は低迷していくばかりというのが現実でした。そんな時、二〇〇五年にナゴヤデザイナーズウィークというイベントに関わることで、ショップとデザイナーと事業者のネットワークをつくることが、日本のモノづくり活性化の第一歩だと気づきました。それも商売のためだけではなく、地域のためとか、そうしたことに大義名分をもって取り組むということが大事なんだと。

やはり経営者ですから、会社のことを一番に考えるわけですが、それでも会社だけとか自分だけのことを考えていてはだめなんですね。社員が幸せになるために、地域が活性化していくために、この業界が発展していくために、というところでどれだけ動けるかだと思います。ボランティア精神でつながったネットワークこそが本当に大切で、ナゴヤデザイナーズウィークでその基盤ができたのは大きかったと思います。そこから、同じ想いを持つ親友と共に、日本のモノづくりを応援する「NPO法人メイド・イン・ジャパン・プロジェクト」を二〇〇六年に立ち上げることになります。生産者とデザイナーと流通業者をつなげ、モノづくりのはじまりからユーザーの手に渡るまでをプロデュースするのが主な活

動ですが、重要なのはそのためのネットワークをつくることだと思っています。
REAL Styleブランドを代表する家具においては、日本の第一線で活躍するデザイナーたちとコラボレーションし、ボランティアの姿勢でこれまで培ってきたネットワークを生かして、日本の産地にある優れた技術を使った繊細なモノづくりをしています。また、ショップで得たお客様の声を消費者ニーズとして拾い上げ、デザインに反映させることができるのも、ショップを全国で運営するリアルスタイルの強みとなっています。

日本の優れたモノづくりを基盤とし、手に触れるものから空間、そして建築までをトータルで扱う店は希少です。今後の展望があれば教えてください。

鶴田　これまで空間においては、インテリアコーディネートと新築・リノベーションの設計デザインをやってきましたが、今後はその先の施工までを手

がけていこうということで、二〇二一年に住宅事業部が立ち上がりました。現在、長久手や藤が丘に生活体験ができるモデルハウスを計画中です。通常では分業とされる不動産・設計・施工・外構そしてインテリア、これを創業当時から一つの価値観と美意識で業界に横串を通したのがリアルスタイルであり、理想のライフスタイルを創出してきました。

私たちリアルスタイルは、住まいにおいては建物よりも先にインテリアがあるべきだという考えのもと、一般的な注文住宅とは全く異なるアプローチで家づくりを行っています。なぜなら、建物はもちろん大事ですが、毎日のように手に触れ、身体をあずける家具やインテリアからプランニングすることで、心から満たされる豊かな毎日になる。それが、本来の家づくりだと思うからです。どれだけ素晴らしい建築でも、余った予算で整えただけのインテリアではその価値は半減してしまいます。空間設計とインテリアを別々で手配することで生じていたズレや、どうしても無駄が生じる予算配分を解消した「美しい家」をご提供していきたいと思っています。それが、敷居の高いデザイン設計事務所ではなく、身近なインテリアショップに設計士がいることで気軽に住まいについて相談できる、そんなお店でありたいですね。

手に触れるモノから空間、建築、そして街づくりというのが、リアルスタイルが目指すところです。モノに愛着を持つとその空間を大事にするようになり、今度は建物だけでなく外構やランドスケープも意識するようになって、やがて街もきれいになっていく。そんな循環を大切にしていきたいです。そうやって名古屋の街の価値を上げ、世界にも誇れる街にしたいですね。

実店舗とネット販売の両輪で、他にない売り方を創造していく。

――百貨店がない地域でそれに代わるギフトショップとなり、そして日々の暮らしに彩りを添える雑貨ショップにもなる。百貨店と雑貨店の融合を目指す一方で、インターネットの黎明期からネットショップにも力を入れ、楽天市場初期の出店者にもなった株式会社マイルーム。実店舗とネット販売を活用した、その販売戦略に迫る。

まずは会社の歴史から教えていただけますか？

渡辺剛道（以下渡辺）　創業は一九八一年。両親が雑貨屋を開いたのが始まりです。当時の雑貨といえば金物店にあるような日用品で、現在のお洒落な雑貨とはかけ離れたイメージでした。そこから脱却しようと思っていたようです。きっかけは、珈琲豆。まだ家で珈琲豆を挽いて飲むという習慣がなく、ちょうど東京で流行り始めた時でした。そのため、創業時は地元の小さな喫茶店など、家庭用というより業務用に珈琲豆を買いに来る人が大半だったそうですが、珈琲豆と一緒にコーヒーカップなどのキッチン雑貨も扱い始めました。

社長が入社されたのはいつですか？

渡辺　大学卒業後にスポーツ用品の大手企業で四年間勤務し、一九九五年にマイルームに入社しました。まず考えたのは、経費をかけずに売上を伸ばすことです。つまり、利益を上げること。売上よりも利益を上げることに興味があったので、インターネットでお店を作れば、お金をかけずに売上を出せると思いました。

私が入社した一九九五年というのは、マイクロソフトがwindows95を発表した年です。インターネットの普及にもつながった画期的なOSです。その後、一九九六-九七年頃からすぐにネットショップが出始めましたが、まだ電話回線を使用していたため、ネットを見るだけでお金がかかるという時代です。そんな時に、楽天の出店募集を新聞で目にしました。当時の楽天は三木谷さんを含めて六人ほどの小さな会社で、まだ決済システムも整っていませんでしたが、出店してみることにしました。確か月々五万円で半年間の先払い。商品は二五点までしか掲載できませんでしたが、それに出店してみて分かったことは、その商品が欲しければ代引きでも銀行振込でもお客様は気にせずにやってくれるということ。リアルショップでは手に入らないものを求めて、ネットショップを利用するお客様がたくさんいるということでした。

楽天に出店後、一九九九年には百貨店・総合通販・ギフト部門賞でショップ・オブ・ザ・イヤーを獲得することができました。売れ筋商品だったのはG－Shockの腕時計。東京ではすでに下火になりつつあるものでも、地方ではまだまだ売れていくという、これも当時のネットショップの面白いところです。入社した頃は「成長＝チェーン展開」と思っていたけれど、それは実店舗でなくても、ネットを使えば全国展開できると思えるようになりました。

インターネットの黎明期からネットショップをされていたのですね。実店舗での変化はあったのでしょうか。

渡辺　ネットショップは利益を上げていく場所としての可能性を追求し、実店舗では価値を上げていくことに重点を置きました。ちょうど雑貨がお洒落なイメージになっていったこともあり、店舗を増築して雑貨を増やしながら売上を伸ばしていきました。そこで目指したのは、知多半島ナンバーワンです。名古屋まで出て行かなくても、マイルームに行けばお洒落な雑貨やギフトはすべて揃っていると思ってもらえるお店になろうと思いました。百貨店のない地域だからこそ、百貨店の代わりにもなれるギフトの品揃えと、カジュアルでお洒落な雑貨もあるという、中間を狙おうというわけです。

知多半島に暮らす六〇万人のお客様を、ここ半田で堰き止めようというのですね。素晴らしい戦略です。百貨店と雑貨屋が融合したお店は、全国でもまだ珍しいように思います。

渡辺　それには、百貨店レベルのサービスや対応が必要とされます。包装の技術はもちろんのこと、ちゃんとした知識を持っていて、安心して任せてもらえるようにならなければなりません。これは通常の雑貨屋では対応しきれないことです。お洒落なラッピングも、カチッとした包装も両方きちんとできること。そして、百貨店に並ぶようなブランドもののハンカチやテーブルウエアから、雑貨屋で人気のお洒落なハンカチやマグカップまで、同じアイテムでもその品揃えにまでこだわりました。

しきたりで売るギフトと、お洒落で売る雑貨。単価が大きく異なるものでも同じように扱い販売できるお店として、スタッフ教育にも力を入れてきました。若いスタッフにとって、ギフトは少しダサいイメージがあるようですが、それなら「ギフトをお洒落に売ろう！」と呼びかけて協力してもらいました。

実店舗でギフトをきっちりとやるようになったことで、今度はネットにおける方向性も定まってきたのですね。

渡辺　好調だったネットショップでの売れ行きに変化が起きたのは二〇〇〇年頃です。それまで都市から少し遅れて地方で売れ始めていたものが、都市と地方との時間の差がなくなってきたことで、ネットショップの優位性がなくなり、売れなくなってきたのです。またショッピングサイトへの出店も激化していたので、競合は増えるばかりでした。

それなら、他のお店にはできないギフトをネットでもきちんとやろうということになり、自社サイトでギフトを売っていくことにしました。ネットで商品を売るといえば楽天などに出店するのが一般的で、まだまだ自社サイトで販売するお店は少なかった頃です。楽天の中では競合が多いのに、自社サイトにはそれがなかった。当然ながら、検索順位も上がりましたね。

その流れから、現在ではカタログギフトにも力を入れていますね。通常なら一社で扱うカタログは二〜三種類ですが、マイルームでは六〜七種類と異例のバリエーションを揃えています。それには理由があるのでしょうか？

渡辺　確かに、ここまで複数のメーカーのカタログを扱っている会社は他にないと思います。けれどお客様の立場からしたら、カタログギフトであってもきちんとしたものを選びたいじゃないですか。選ぶ余地というのはすごく大切だと考えていたので、カタログギフトのセレクトショップになろうと決めて、二〇〇〇年頃から着手しました。

もともとカタログギフトとは、百貨店やギフトショップ、式場、葬儀場が扱っていたもので、人が対面で売っていたものです。内祝い、仏事、結婚、出産、各種イベントと用途に応じて選ぶものですが、対面で応対しなくてもお客様が不安にならないように、マイルームではカタログの表紙を差別化することで、お客様の求めるカタログがより選びやすくなっています。また、これだけ複数のカタログを扱いながら、本格的にネットでカタログギフトを売っていこうと思ったら、お客様のデータ管理は不可欠で、それが運営の決め手となります。マイルームではオリジナルのデータベースづくりから行い、独自のシステムを開発しています。それが販売ノウハウにもなっているのです。

カタログギフトそのものはどの会社も同じものを扱うわけなので、ネットでは価格競争に陥る可能性がありますが、マイルームのギフトはすべて定価売りだそうですね。

渡辺　はい。というのも、人に贈るギフトを割引品で買う人はあまりいないと思うからです。中には少しでも安いものを探される方もいるでしょうが、ギフトを探している人の多くが求めているのは安心と信用です。失礼のないように、ミスなく届けてくれることではないでしょうか。特に弊社では大企業がメインターゲットですから、安心を売るという視点が重要になってきます。そのためのオペレーター対応にはとても力を入れていて、年三回ほど専門コンサルタントにお越しいただき、録音しておいたものからアドバイスをいただいています。オペレーター教育にもしっかりとコストをかけることで、ネットショップだけど電話のオペレーションがしっかりしている会社という印象を持っていただけるように思います。

なるほど。その高い信頼によって、大企業がお客様になっていくのですね。

渡辺　大企業がお客様になると、今度は「社内行事の景品をまとめてやってほしい」という声を聞くようになりました。そこで、幹事さんが利用するためのサイト「景品ショップ MY ROOM」を立ち上げました。景品だけでなく、景品を紹介するA３パネルや目録も付いているので場が盛り上がると大変好評です。目玉景品や予算、景品点数などからセットを選んだり、単品景品から幹事さんがセレクトすることもできるので、二次会、忘年会、周年記念、ゴルフコンペなどで幅広くご利用いただいています。

カタログギフトも景品も、注文のしやすさが大きな差別化になっています。実店舗を含めた今後の展開があれば教えてください。

渡辺　カタログギフトや景品以外にもう一つ、ギフト全般を扱う「My room GIFT」というのがあります。ここは総合サイトとして、ギフトのことは何でも分かって、何でも選べるというのがコンセプト。常にサイト自体がメディアとしてお客様が見やすいページになっているかを考えています。

一方で、実店舗では二〇一五年の移転を機に、マイルームタウンをオープンしました。雑貨とギフトをさらに拡張し、アパレルを新たに展開しています。これでライフスタイル全般をご提案できるようになりました。店舗の二階には商品の撮影スタジオを設置し、制作チームによるデザインや、システムチームによるデータベース管理、そしてカタログチームによる発送作業も、一貫して自社で行える環境が整いました。今後もこの強みを生かしていきたいと思っています。

大須賀流・理美容道宗師

アールヴィヴァン　代表

大須賀　広士

Ladys & Gentleman

BARBER SALON

ART VIVANT

-SINCE 1938-

アールヴィヴァン

〒464-0845 愛知県名古屋市千種区南明町 3-48-1

TEL：052-751-9419

http://www.art-vivant.co.jp

――骨格理論に基づく技術講習会「モード塾」。その内容が評判を呼び、この三〇年間で六千名を超える卒業生を輩出した。日本に伝承される師弟制度や型を取り入れた独自の教育プログラムは、国内にとどまらず韓国やアジア各国で研修を行うなど世界に向けても発信。自らもトップスタイリストとして現場にこだわり、月間三五〇名を越えるお客様と向き合っている。そんな理美容界の技術と人材育成を支える存在として注目される大須賀広士に迫る。

アールヴィヴァンといえば、名古屋の名士が集うサロンというイメージがあります。まずはお店についてお聞かせください。

大須賀広士（以下大須賀） 千種区の閑静な住宅街で半世紀続く、理容と美容の両方を提供するサロンです。スタイリストは理容と美容の免許を取得しており、最新モードとクラシックなバーバーを融合した理美容サロンとして、まだまだ珍しい存在です。お客様は近隣だけでなく、東京・大阪の遠方からもお越しいただいています。また紳士・淑女からお子様・ご年配の方まで、幅広い層のお客様に支えられていますが、「上品さ」を求めている方が多いように感じます。

品の良い老婦人が髪をアップに整える横で、子どもがカットしていたり、顔そりやヘッドスパでくつろぐ紳士がいたり。老若男女が席を並べ、皆一様にくつろいだ様子で、心身ともにスッキリと気持ちよくなってもらえる場であることが、一流たる店だと思っています。床屋の床とは、コミュニティだと言います。多くの情報に振り回される現代だからこそ、人との触れ合いやアナログ感覚も大切にしています。おかげさまで、家族三代続く仲となったお客様も少なくありません。

理容と美容が融合した最先端のサロンを作ろうと思ったきっかけは何でしょう？

大須賀　理容師としては、私が三代目になります。祖父が一九三八年に創業し、三河で「床丈」という理容店を開いたのが始まりです。その後、父親は理容と美容の時代が来ると、両方の資格を取って名古屋の千種区に移りました。理美容師だった両親の影響を受け、自分も自然とこの道を志すようになりました。

一九八五年に仏カンヌの「世界理美容技術選手権大会」で入賞したのが二四歳の時です。その後、英・仏・

米での研修を重ね、ドライカットの原点である感性の表現方法を確立。パリに本店をもつジャック・デサンジュ・ジャポン名古屋ではトップスタイリストとして務めた後、一九九〇年に理容と美容を行うサロン「art vivant（アールヴィヴァン）」を設立しました。

スタイリストとして学びを受けた師匠はいらっしゃいますか？

大須賀　私は多くの師匠に恵まれ、あらゆる流派を学びました。中でも影響を受けたのは、三三歳の時に出会ったNYヴィダルサスーン出身のヨシトーヤ先生です。ヨーロッパの感性と日本のおもてなし文化を融合させ、世界中で教育活動をしながら名声を高められた方です。それで私も三〇代になると、指導者として本格的な活動を始めることになります。

きっかけは、二〇代の頃から一〇年間学んだ「モード塾」。ここでは骨格理論を核にした技術指導があり、それを学ぶために独立してからも毎月東京へ通っていました。一〇年が過ぎた頃に、私が二代目の塾長として跡を継ぐことになりました。そうして今度は自分が全国へ呼ばれて、骨格理論に基づく技術や考え方を伝え、広めていく立場になったのです。

モード塾ではどのようなことを教えられているのですか？

大須賀　ここでの講習の特徴は、正しい「学び方を学ぶ」ことにあります。むやみに体だけでテクニックを覚えても、頭で理屈を理解していなければ、正しくは動けません。そこで、カット中の姿勢の在り方を武道や職人の現場で重要視される「型」として、正しい理解で正しい体の動かし方を習得します。

日本の古き良き武道・剣術・技術には、「型」という理想の行動プログラムがありました。優れた「型」を習得することによって動きに無駄がなく、美しい表現力が身に付きます。そして一流アスリートのようにフォーム（型）を磨き続けることで、革新し続けることができます。日本で昔から伝わる先人たちの教えや、実際に私が多くの師匠たちから学んだものをメソッドとしてまとめ上げたものが骨格理論です。

スタイリストの中には、道具であるコームが手の大きさと同じになっていて、その長さにも意味があるということを知らない人もいます。黄金比やプナチナ比といった数字が美しさを支えているなど、そうした数字や論理をいかに感性と結びつけるか。人体骨格の原理原則をとらえ、無駄がなく早い、正確なカットを、日本ならではの感性で習得できるのが、モード塾の教育プログラムです。

これによりカットだけにとどまらず、理美容の仕事に必要なすべての動きが理解できるようになります。必然的に武道の所作に近い動きになるわけですが、これにより疲労しにくく、パフォーマンスがいつまでも低下しない姿勢を手に入れることができるのです。受講者から「こういう技術講習に出会いたかった」「その場で上手くなる実感がある」と言ってもらえるのは嬉しいことです。

この三〇年間で六千名の卒業生を輩出したモード塾が支持される理由は、技術だけではない

からですね。

大須賀　ここで教えているのは、技術を通した人間学です。技術者としてだけでなく社会人として、また経営者としてのバランスです。今の時代に理美容師としてどうあるべきか、どう経営していくかといった考え方も、技術を通じて伝えています。だからこそ、結果を早くに実感してもらえるのだと思います。むやみに技術を覚えるのではなく、お客様を満足させることに焦点を置くこと。人は「何をされたか」よりも、「どんな気持ちになったか」を覚えています。お客様から「ああ、気持ちよかった。またお願いね」という声を聞くために技術を磨き、腕を磨きながら心を磨く。その方法を誰もができるようにシンプルに伝えているのがモード塾です。技術だけに頼らず、根拠のある理論のもと繰り返し練習を続ける中で、悩みを解決する思考力や仕事に対する姿勢も養われます。

このメソッドによる「思想・哲学」は、ハサミを持ち始めたばかりの初心者はもちろんのこと、キャリアを持つスタイリストの方にも支持され、また「学び方を学ぶ」ことをテーマにしているので、数十年のベテランが指導者の立場で「教え方を学ぶ」ためにも最適です。教育する立場にある方にもぜひ活用してほしいと思っています。

このモード塾が韓国最大手のサロングループでも取り入れられたそうですね。

大須賀　新潟県の燕三条でモード塾を開催した時、その内容を気に入っていただいた韓国のハサミメーカーの社長さんから「これをぜひ韓国で広めてみませんか。紹介したい人たちがいます」とお誘いいただきました。大学の先生や美容業界で活躍する経営者など、たくさんの方々を紹介していただく中で、韓国のナンバーワンサロンであるＪＵＮＯ ＨＡＩＲ（ジュノー・ヘア）の社長とのご縁が生まれ、モード塾を会社の研修会として行うプロジェクトがスタートしました。ＪＵＮＯと言えば二百店舗以上の直営店と、三千人近いスタッフを抱える韓国最大手のサロンです。そこでトップスタイリストや幹部の方たちに、日本の理容と美容を伝えられているのはとても光栄なことでしたね。

そしてモード塾をさらに進化させ、ご自身の考えを深く取り入れた「大須賀流・理美容道」がスタートしました。

大須賀　日本の理美容技術は世界でも特に評価が高く、その素晴らしさは海外経験の中でも強く実感しました。しかし現在の日本の理美容業界は、技術を極め続ける職人の世界というよりは、ある程度の技術を身につけたら、あとは効率を求めていくビジネスの世界になり代わってきています。その結果、技術継承がされることなく存続の危機を迎えています。

『大須賀流・理美容道』は、三〇年間続けたモード塾に私自身の思想や哲学を合わせ、さらに進化させたもので、理美容を目指す人たちに伝えていくべきこと全てが総括されています。「技術」「想い」「生き方」「仕事への姿勢」を一貫して伝承するもので、日本が誇る理美容技術の奥義のようなもの。「型」による理想の行動プログラムと、「やり方」ばかりでなく「在り方」を知り、感度を上げていくという五感教育によって、あるべき理美容技術を次世代に伝承していくことこそが大切な使命だと考えています。技術の理容と、感性の美容。その両輪を持って、理美容文化を高めていくことに意味があります。

モノや技術といったハードだけではなく、理論や考え方というソフトが一体となったのが「大須賀流・理美容道」なのですね。今後の展望を聞かせてください。

大須賀　ハードだけなら、自分のサロンを開けばよいということになります。ですが私が伝えているのは、テクニック（ハード）と考え方（ソフト）が一心同体です。これを海外でも受け入れてもらえたことは、日本ならではの美意識や考え方、テクニックが世界に求められているからでしょう。

これからも私は、多くの師匠や先人たちから受け継いだ理美容のあるべき「王道」として、国内外を問わずより多くの技術者に伝承したいという想いです。そして私自身も自分を磨き続けることに精進すべく、お客様を喜ばせ「またお願いね」という言葉を聞くことができるように、最高のパフォーマンスを提供していきたいと思っています。

木と共に一〇〇年、
木を活かし二〇〇年。

――SDGsや脱プラスチックがグローバルスタンダードとなっていく中、自然素材の代表格である「木」の活用が期待されている。材木屋として国内最大級となる、五万枚の無垢一枚板を保有する岡崎製材株式会社。無垢であることにこだわり、無垢材文化を伝え広めてきた八田代表に迫る。

まずは会社の創業から教えていただけますか？

八田欣也（以下八田）　一九一七年（大正六年）に、曽祖父が八田材木店を創業しました。社内で木挽きをし、地域に材木を供給していたと聞いています。創業の翌年に建てられたという、岡崎駅前にあった木造三階建ての旅館・清風軒を解体した際には、八田木材店と書かれた柱や床材が出てきたそうです。

一九四一年（昭和一六年）に岡崎木材株式会社となり、戦時中の統制下では木材の配給も任されていたといいます。戦後は、主たる事業を岡崎製材株式会社（一九四六年／昭和二一年設立）に移しました。その後、高度経済成長期の住宅需要にともなって新建材・サッシ・住宅設備も扱うようになり、一九八〇年～九〇年代には住宅環境を整えるための資材一切を販売するようになりました。まだ国内では珍しかったホームセンターとして、一九八三年には「Hands（現How's）」をオープン。小売業をスタートすると同時に、ショールームを常設してリフォーム・新築も始めました。私が入社したのはその頃で、二八歳の時でした。それまでは木材の中でも特殊材・高級材を扱う会社（銘木屋）で働いていました。

材木から新建材、ホームセンター、そして建築業へと広がっていったのですね。建材の輸入にもいち早く取りかかったそうですね。

八田　一九九四年頃から建材を輸入するようになり、世界中を周って日本で売れる建材を探しては全国で売るということをしていました。きっかけは政府の専門家派遣事業です。それはジェトロ（日本貿易振興機構）からの依頼で、私は建材の専門家としてヨーロッパの「建材輸入」をミッションとして派遣されることになり、二ヶ月間で六カ国を巡りました。そこで日本との住環境の違いに大きなショックを受けたことを覚えています。ノルウェーで現地案内の方と昼食をとりながら家の話をしていた時、彼は「最近、築百年以上の家を三百万円程でリフォームしたから、これで次の世代へと引き継ぐことができる」と言うんです。木造でなく石造の家ですから、手直しをしながらほぼ永久に持つわけです。当時の日本の家の寿命は二六年と言われ、建て替えには三千万円ほどかかります。ノルウェーの一〇倍です。これでは日本は「住宅貧乏」になるわけで、「暮らしの豊かさ」が違うと思いました。

他にもドイツの家は「気密性・断熱性」がともに高くて冬でも寒くないなど、その時に私が見たヨーロッパの建材は、とにかく質が高いものでした。当然ながら家の質も高くなります。それから世界中の住宅事情や建材に興味を持つようになり、住宅性能へのこだわりも強まり、私の建材輸入業に火が付いたわけです。高品質な建材を使うことで、日本の住宅を少しでも長持ちする家にしたい、快適な家にしたいと考えました。海外で見た質の良い住文化・住環境を取り入れて伝承すること。それが当時の私には意味があることに思えました。現在の企業理念である「建材・家具・インテリアを事業領域とする、地域No.1の【最適住環境企業】」とは、この地域の家の性能を上げていきたいという想いでもあり、この時の経験が少なからず影響しているように思います。

輸入建材といっても様々な素材がありますが、無垢材を中心に輸入されているのは何か理由があるのでしょうか。

八田　床材でも表面がプラスチック加工だったりと多様な素材がある中で、弊社では無垢材を中心に輸入してきました。そもそも日本人は木に親しんできた民族なので、日本人がしっくりくる無垢の文化を

高めたいという想いがあったからです。そして岡崎製材は、五〇年前の父の代から無垢の家具づくりを始め、扱う建材も無垢材を貫いてきた会社です。だから輸入建材も無垢であることにこだわり、そこを強化していきたいと思いました。

今でこそパイン材は人気の材木で、その特徴でもある節は風合いとして受け入れられていますが、私が輸入を始めた頃は、その節のせいでパイン材は二等品と思われたり、節があることを理由に建材として使ってもらえないことも多々ありました。当時はウレタン塗装で綺麗に仕上げるのが当たり前で、建材も工業製品化していましたから、無塗装のパイン材はそれに逆行していましたが、その味わいも含めた無垢材の良さを伝え続けるうちにだんだんと広まっていきました。

岡崎製材が国内にパイン材を広めたと言っても過言ではありません。そして今や、銘木をはじめとする無垢材は国内トップレベルの品揃えです。

八田　弊社には木材（無垢材・銘木材）の倉庫が八カ所あり、常時五万枚の無垢一枚板を保有しています。また、大阪と岐阜では銘木協同組合の出材者として、市場にも毎月、製材品を出しています。父の代からずっと、「世界一、いろんな木材が揃う会社」を目指してやってきましたから、これだけの品数が揃うのは全国でも珍しいと思います。北米やヨーロッパはもちろんのこと、アフリカ、中央・南アメリカ、そして東南アジアと、世界中の珍しい木材を収集しています。

私たちが扱っているものは、よく耳にするスギ・ヒノキといった一般材と違って、珍しい特殊材なので誰にでも識別できるものではありません。したがって各方面からの質問も高度なため、それに応えられるよう「日本一・アカデミックな材木屋になろう」と誓い、木材のプロフェッショナルを育ててきました。おかげで私よりもずっと詳しい「木のマイスター」がたくさんいます。

今や無垢材の文化は、欧米だけでなくアジアでも注目されていますが、無垢のどんなところに魅せられたのでしょう?

八田　弊社では二〇年以上前から、「Nature design（＝自然はデザインしている）」をロゴマークとして使用しています。自然素材を扱う者として、自然が創り出したデザインを徹底して活かしていくことを、私たちの使命としています。原点となったのは小学生の時に理科の授業で見た雪の結晶。「こんな綺麗な模様、誰がどうやって作ったの?」

という驚きと不思議。その美しさに、自然ってすごいなぁと衝撃を覚えたものです。この仕事で「木」に触れ、美しい「杢目《もくめ》」に出会う機会が増えるにつれ、自然という偉大な創造主が生み出すデザインの力に魅せられ、「自然はデザインしている。それを活かすのが自分たちの使命だ」と考えるようになりました。本物の木は特有の存在感や個性を持ち、その個性は世界でたった一つのものです。そうした本物のもつ魅力を、一人でも多くのお客様に伝えていきたいと思っています。

二〇一七年には創業百周年を迎えられましたが、次の百年に向けての展望があればお聞かせください。

八田　創業百周年を迎えた時、「木と共に一〇〇年、木を活かし二〇〇年」というスローガンを立てました。いよいよ、木をちゃんと活かす時代に入ってきたと思っています。その中で、「ＨＡＺＡＩ（端材）プロジェクト」というものをスタートしました。端

材（木の切れっ端）でも銘木ですからその価値は高く、「簡単に捨ててはプロとは言えない。それを活かすのがプロだ」ということで、端材からカッティングボードやスツールを製作しています。職人が一枚板テーブルと同じ工程で、一つ一つ丁寧に仕上げている、その品質を認められ、ＳＤＧｓを意識する大手企業からも注目していただくようになり、多くの取引が進んでいます。

高度経済成長期から長い間、木のライバルはプラスチックでした。紙袋がビニール袋に、風呂桶がプラスチック桶になり、いろんな生活用品がプラスチック製となりました。それが一変して、近年〝脱プラスチック〟が謳われるようになり、もう一度、木を復活させる時が来たように思います。いくらでも量産可能なプラスチックと比べ、木というだけで価値があり、「上質な木のモノ」を提供することで、「やっぱ木っていいよね、見直した」と言ってもらえるように頑張りたい。そして木・無垢材の文化を世界へ向けても発信していきたいと思っています。

――どれほどお洒落で素敵な家でも、地震で倒壊してしまうような家では意味がない。「家族の命を守る」という家の第一の役目をしっかりと見つめ、想いをカタチにする商品開発のもと、屋外庭園から続く開放的な「スカイリビング」を分譲住宅で実現させたナカオホーム。中尾研次社長が考えるこれからの家づくりに迫った。

街づくりと人づくり

まずは会社の歴史から教えていただけますか。

中尾研次（以下中尾）　一九三五年に祖父の中尾義松が創業しました。祖父は大工の棟梁で、神社や商店街の改修から一般の住宅まで、地域に頼られる工務店として〝街づくり〟に関わっていました。面倒見が良いと評判で、職人たちを熱心に指導し、〝人づくり〟にも力を注いだと聞いています。その後、父の中尾高一が二代目として仕事を継ぎ、高度経済成長の波に乗って事業が拡大すると、社業化し中尾建設工業株式会社を設立しました。そして、これからもっと大工が必要とされる時代が来ると考え、一九七〇年に大工を養成する職業訓練校を開校しました。祖父の〝人づくり〟に共感したのだと思います。

先代の〝街づくり〟〝人づくり〟が受け継がれ、地域に貢献しつつ時代に先駆けて会社は大きくなっていったのですね。

中尾　大工の訓練校を開校して二〇年間で、木造一級技能士を多数輩出したことは我が社の誇りです。訓練生は卒業後、色々な工務店で技術を認められて腕を振るったり、弊社の社員として現在も活躍しながら、西三河の大工技術水準を大きく引き上げることに貢献しています。

中尾社長はいつ入社されたのですか？

中尾　大学卒業後は東京で住宅販売の営業や現場監督として修行を重ね、一九九四年に三一歳で入社しましたが、その頃の日本の建築業界では当たり前とされていた家づくりの考え方に不安を感じました。「日本の住宅は本当に強い住宅なのだろうか」そんな漠然とした疑問とともに頭に浮かんだのが、アメリカで度々起こる大洪水で川に流されるイカダのような家々。家が形を残したまま川に浮かんでいる光景が、アメリカの住宅に興味を持つきっかけに。当時、日本の家は二五年で償却されていましたが、家の寿命は世界平均でも四八年。アメリカでは五〇年を超えて住み続けられるどころか資産価値が上がったりします。これらの家が2×4（ツーバイフォー工法）の家と知り、日本に取り入れたいと思いました。そして今後の日本の住宅事情を良くするためにも、丈夫で資産になる家をつくるためにも、日本の風土に合わせた2×4で、アメリカより精度の高いものにしたいと強く思いました。

2×4の家を会社で導入するまでには時間がかかりましたか？

中尾　入社した年には開発を始めていましたが、その翌年である一九九五年に阪神淡路大震災が起きました。私は副社長とともに現地に出向き、被害に遭われた方たちの話を聞いてまわりました。そこで耳にしたのは「地震で倒れるような家をつくる工務店は、人殺しだよ」という衝撃的な言葉。家をつくる者たちへのストレートな怒りでした。神戸市内の死者のうち、八六％の方が建物の倒壊や家具の転倒を原因とするもの。「命を守る家をつくって欲しい」という被災者の方たちの切なるメッセージは、この記憶とともに今もずっしりと心に残ったままです。親しい隣人を失くし、その話をされた方の倒れなかった家屋は、言うまでもなく2×4の家でした。私は会社に戻るとすぐに社員や業者を集め、宣言しました。「命を守る丈夫な家をつくろう。そのために従来の家づくりを辞め、2×4の家づくりだけをしていきます」と。誰も反対する者はおらず、全社員が協力体制でやり抜く覚悟が決まりました。

とはいえ、一気に2×4工法に転換するのは大変だったと思います。

中尾　設備や組織を大々的に変更して、父親が半生かけてやってきたことをひっくり返すわけですから、この大改革には相当な労力がいりました。まずは二つの工場を一掃して2×4のラインを新設しました。そして2×4の要となるフレームを自社製造するだけでなく、つくった人間が現場に運んで組み立てまでを一貫して行うという、〝マルチフレーミングシステム〟を完成させました。同時に、自分たちだけですべて創り上げるこのシステムに欠かせない専門のフレーミングスタッフの採用・育成にも力を入れました。若いスタッフたちと多くの時間を共に過ごし「命を守る家をつくる。その要となる丈夫なフレームをつくるのが、我々の使命だ」と常々伝えてきましたが、その想いが浸透して自分たちの仕事に誇りを持つようになり、より良いものをつくりたいという意識にまで高めることができました。

2×4では一般的に生産・配送・組立がそれぞれ分業で行われるため、完全自社施工であることが他のどこにもない弊社の強みです。分業で生産性を上げることよりも、家を大切な贈り物として最後まで手をかける。そうすることで完成度の高い丁寧な家づくりが可能になり、そこで改善を繰り返し、積み上げてきたノウハウこそが新たな家づくりを可能にしてくれます。高度な商品開発で想いをカタチにすることができるようになったのは、完全自社施工だからだと思っています。

想いをカタチにする商品開発

これまでに2×4の家をどのくらい建てられたのでしょう?

中尾　この地域で三千棟を超えましたが、もっと2×4の家の価値を伝えていきたいと思っています。若い頃に旅して知った様々な国の住宅を思うと、二五年で価値がなくなるような日本の住宅を変えていきたい。それには2×4だと信じています。家は住むだけの器ではなく、家族と幸せになるためのものです。家族みんなが幸せになれるような暮らしの提案が、次のミッションだと思いました。そこから新商品であるスカイリビングが誕生したのです。

家族を幸せにするスカイリビングとは？

中尾　オーナー様からは、『暮らすほど日常に幸せを感じる……』という声をいただくようになりました。スカイリビングとは、住宅の屋根の代わりに屋上庭園とプラスワンのリビング空間をもつ都市型三階建て住宅です。空を独り占めできる青空リビングは、まさにお家リゾート。商品開発には学生時代の一人旅で、ギリシャの小さな島に訪れた時の強烈な記憶が紐づいています。浜辺にある民宿に泊まった時のこと。ワクワクしながら古い階段を三階まで駆け上がると素朴な部屋があり、両開きのガラス戸を開けると、バーンと広いテラスが現れました。思わず外へ出ると、青い空と

透き通る海が目の前に広がり、その時の何とも言えない開放感が忘れられません。

そんな空間が我が家にあったらいいなという想いがスカイリビング開発の原点です。晴れた日にはピクニックやBBQ、ママ友を呼んでお茶会や夏のプールは子供達に大人気です。そして特別な夜は夫婦のスィートルームに……。家族のみんなが繋がって〝自分らしさ〟を大事にすると、幸せな気持ちになりますよね。そんな想いをカタチにしました。

聞いているだけでワクワクしますが、これまでありそうでなかったのはなぜですか？

中尾　三階建ての屋上に特別な一部屋をつくるのは、法規上の規制や作業の手間がかかります。二階建てに屋上をつくることは容易ですが、三階建てとなると構造計算などの難しいハードルがあり、コスト高に繋がります。私たちは2×4工法の特性に完全自社施工のノウハウを磨き上げ、コストダウンを実現しました。ナカオホームのスタッフはみんな、家づくりバカです。「幸せ家族の応援団」を合言葉にした若い子育て家族の応援が、商品開発の情熱になっていると思います。

家づくりにじっくり向き合える場所

若い家族の応援団とは素敵です。具体的な応援サービスも始まっていますね。

中尾　屋上庭園のあるライフスタイルをより多くの人に体感してもらうため、食事を楽しみながら暮らしを考える、感動体験型のモデルハウス「スカイリビングパーク」をオープンしました。三階の「スカイリゾート」では、屋上庭園にソファー席とこたつ席を用意して、ＢＢＱはもちろんのこと、冬にはグランピング鍋をお楽しみいただけます。そして室内ソファ席にはホームシアターセットを完備し、軽食をとりながら迫力の大画面で好きな映画やスポーツを観ながらゆっくりと寛いでいただけます。

また一階の「ｐｉｃｋ ｃａｆé（ピックカフェ）」では、その日の気分や好みで食材を自由にｐｉｃｋ（選ぶ）ことができる、女性に嬉しいメニューが揃います。家族が幸せになるには、まずママを応援して笑顔にすること。そうした想いから、自分らしく食べて思い切りおしゃべりして、ママが元気になれる場所でありたいと思っています。

家づくりで命を守るのは当たり前。そこで家族がつながり幸せになるために、それぞれが自分という感性を解き放ち、自分らしい夢を持ち続けられる家にしていきたい。幸せ創造カンパニーとして、全力で皆さんの自分らしい夢（＝ロマン）を応援していきたいです。

――地域の暮らしに寄り添い、一宮市で九店舗を展開する「くすのき薬局」グループ。地域医療への確固たる信念と情熱のもと、最先端の設備や新しいサービスを次々と取り入れ、チャレンジを続けている。これからの時代に求められる地域医療とは。代表取締役 都築健に迫る。

薬を見るのではなく、人を見る

まずは会社の歴史から教えていただけますか。

都築健（以下都築）　二〇〇一年に前身となる会社を設立し、翌年には調剤薬局の一号店「くすのき薬局」（現在の毛受店）をスタート。二〇〇五年に株式会社ジャストメディクスに社名変更し、一～二年で一店舗ずつ増やしてきました。店舗が増えていく中で、もっと地域に密着していきたいと考えるようになり、二〇一三年の馬引店オープンを機に実家のある甚目寺から家族とともに引っ越し、二〇一五年には本社も馬引に移転。現在、九店舗すべてが一宮市の西エリアにありますが、ここで地域と向き合う薬局を目指していくことにしました。

地域と向き合うというのは、具体的にどういった薬局でしょうか。

都築　従来の薬局では薬を売ること自体が目的となっていることが多く、門前の病院が流行っているかどうかが大事な要素で、「薬を間違いなく、早く出す」ことが優先されがちです。私たちはそれよりも一歩踏み込んで、薬を売るだけでなくその人の生活から健康のすべてを診られる薬局を目指しています。薬だけでなく暮らしごと分かっていることは、患者さんにとっても安心できます。そのためには、地域にある暮らしと密接に関わっていくことが不可欠です。私を含め全社員が一宮市近隣の在住であるのは、地元の言葉や風習も分からずに生活指導をするには無理があるからです。近くに住んでいるというだけでつながりができ、お互いに話しやすくなったり理解しやすくなります。地域と生活から向き合うことが地域医療の第一歩。その中で、患者さんとの対話は欠かせないものだと思っています。

確かに調剤薬局というのは薬をもらうだけという無機質な印象がありますが、くすのき薬局はとても温かみのある店づくりをされていますね。

都築　話しやすい雰囲気づくりなど、親しみやすい印象を持ってもらえるようにしています。また、処方箋通りのお薬を渡して終わりではなく、そこでの関わり方を大切にしています。これまでの薬局は、「薬を間違えずに、より早く出すこと」が目的化し、人を見るのではなく、薬を見ている状況が生まれていますが、くすのき薬局では薬の情報を伝えるだけでなく、その人を見て、その暮らしにまで踏み込んだフォローを心がけています。病院にかかった時だけ立ち寄る場所ではなく、健康的な日常生活を送るためにも必要とされる存在になること。それには患者さんと対面できる時間をなるべく多く持つことです。そのために、くすのき薬局では最新の散薬調剤ロボットや全自動錠剤分包機をいち早く導入し、作業のオートメーション化を進めています。分包作業に時間を取られていた分を、患者さんとの対話にあてることで、本来あるべき薬剤師の仕事を全うしてもらいたいと思っています。そうした流れの中で、社員がそれぞれのスキルを磨いていけるよう、様々な勉強会を開催する「くすのきアカデミー」を立ち上げました。地域医療を支える仲間が共に学び成長していける環境を整えていくのが私の役割だと思っています。

チャレンジできる環境を

都築社長はどういった経緯で医療の分野に進まれたのでしょう。

都築　公立病院では決められた仕事だけを全うすることが善であって、新しい提案は受け入れてもらいにくい風土があります。私は幼い頃から自営業の父を見てきたので余計にそう

思ったのかもしれませんが、休日でも自分から働きに出るような職人さんたちとは、正反対のところにいる気がしました。そんな時に、一〇年間一緒にやってきた透析室の部長先生が開院されることになり、技師としてではなく経営サイドで立ち上げに参加してみないかと誘ってもらいました。そこで透析の有床診療所と介護老人保健施設の立ち上げを行い、その流れで、独立して薬局をやらないかということになりました。医療系のビジネスをやってみたいと思っていた私は、このチャンスを喜んで引き受けることにしました。いろんな方たちとの出会いがあって、今のくすのき薬局があります。

やるからにはという想いが、新しいことへの積極的なチャレンジにつながっているのですね。

都築　そう思います。地方薬局の規模ではまず導入しないだろう、最新の調剤機器を思い切って設置したのも大きな決断でしたが、導入に見合うものがあると確信していたからです。実際に薬剤師の分包作業が大幅に減り、患者さんとの時間が十分に取れるようになりました。投資やチャレンジには責任がついてきますが、そのバランスを考えながら、これからも新しいことに取り組んでいきたい。それは私自身だけでなく、社員のチャレンジでもあります。社内の風通しを良くして、入社一年目の社員であっても意見や提案がしやすい環境や、新しい試みを任せられる信頼関係を築いていきたいです。経営判断は私ですが、それを動かしていくのはスタッフ全員です。新しい取り組みを進めるためには柔軟な思想を持った若い力が必要です。七年前から地元の大学の非常勤講師として、医療事務・調剤事務などを教えながら人材育成にも力を入れています。そうした若い方たちにも、薬局を変えていくチャンスがあるということを知っていてもらいたいですね。

地域の暮らしとともに

新しい試みとして、地域と薬局をつなげる活動を続けているそうですね。

都築　一宮市には、高齢者や地域の人たちが誰でも気軽に集まって交流できる「おでかけ広場」というのがあります。ここでは生きがいづくりのための様々な活動が行われているのですが、くすのき薬局の六店舗がこの「おでかけ広場」に認定されています。月に一回、薬局の待合スペースに集まってもらい、椅子に座って健康体操をしたり、iPadを使用した認知症予防トレーニングをしたり、折り紙教室をしたり、集ったみんなでコミュニケーションを取りながら楽しく過ごしています。また、薬に関する健康相談会や、子ども向けの栄養相談会、食育講座などのイベントも行っています。

薬局に来ていただくだけでなく、高齢者が集まる地域の「いきいきサロン」に理学療法士が出向いての活動も行っています。そこでも高齢者の方たちに楽しんでもらえるようiPadでの脳トレーニングを行い、地域で元気に過ごせるお手伝いをしています。そうやって薬局が主体的にやれることを考え、地域の人たちとの接点づくりを進めています。相談会では「薬は水で飲まないといけないのか」といった気軽な質問を含め、病院や薬局で普段なかなか聞けない患者さんの心配事も出てきます。患者さんとの距離が近くなってきたようで嬉しいですね。

さらに新しいチャレンジも始まりました。薬局という領域にいてはなかなか発想できない取り組みです。「薬を出す」だけでなく、「健康を届けたい」という想いが伝わってきます。

都築　二〇一九年から「くすのきＰＬＵＳ」がスタートしました。ここでは、〝買い物しながら、楽しくリハビリ〟をコンセプトに、カラダもココロも元気になれる活動をしています。具体的には、スーパー（ＭＥＧＡドン・キホーテＵＮＹ一宮大和店）の二階にある「くすのきＰＬＵＳ」で、まずは健康体操やストレッチマシンを使って身体をほぐします。その後、一階のお店で歩行訓練を兼ねた買い物リハビリをします。スーパーの商品を見て歩く・考えて選ぶ・レジで会計をする、すべての動作がリハビリになります。何より、皆さんが楽しんで行えるというのが最大のメリットです。楽しいからいつの間にか長い距離を歩いている、という人たちばかりです。このサービスはスタッフが自宅から送迎する基準緩和型のディサービスで、一宮市のあんしん介護予防事業になります。対象者であれば一回三三一円で利用できます。

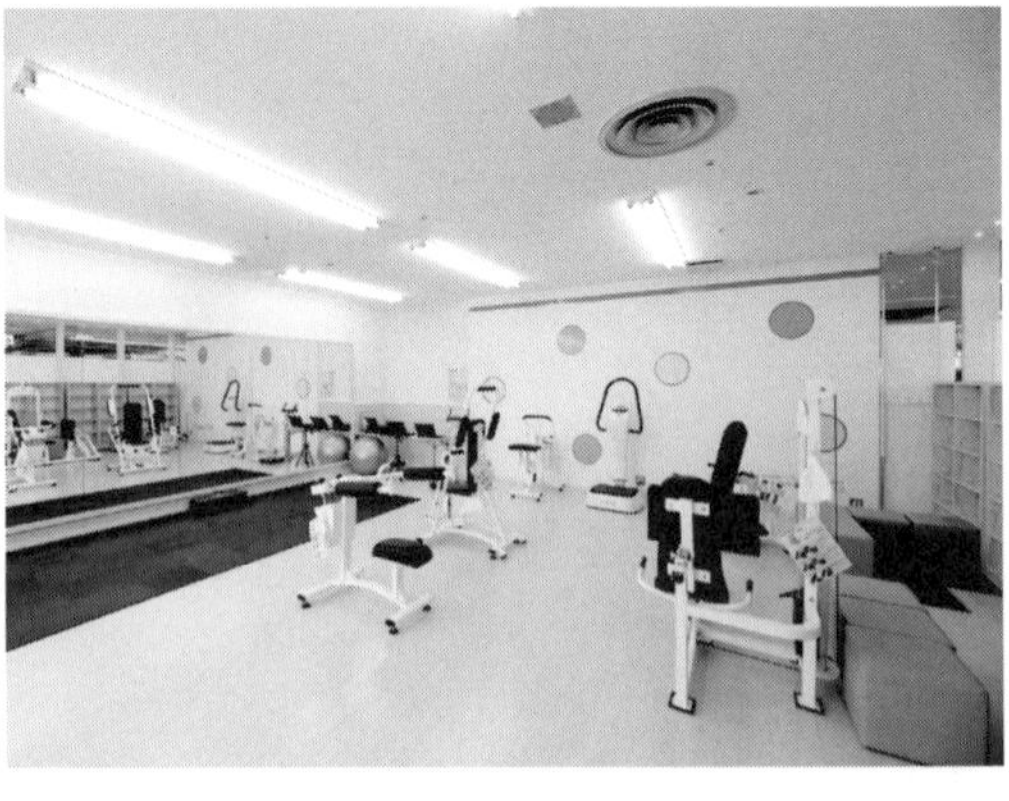

地域のいきいきサロンでお元気なお年寄りの方と接する中で、多くの人たちが「外出したい、買い物に行きたい」と思いながらも、自分だけではできずにいる現状を知りました。愛知県から第三回あいちサービス大賞の特別賞を頂き、公的にも必要なサービスと認められました。今後は、これまで以上に認知症対策や介護予防を目的として、この制度を上手く活用していただけるよう、ご家族やケアマネージャーの方たちにも、もっと広報していく必要があると思っています。

最後に今後の展望を聞かせてください。

都築　くすのき薬局グループが最終的に目指すのは「地域の人に健康という安心を届けること」です。今後も薬局が売るものは薬ではなく健康だというビジョンを突き詰めていきたいと思っています。一般的に多くの人がお薬を服用されています。でも、お薬だけに頼っては健康な生活は目指せません。日常の健康にはお薬より、日々の食事や運動が大切だと言われています。専門的な薬物療法はくすのき薬局で、運動提案はくすのきＰＬＵＳで、あと一つ食事提案ができるサービスを何か作りたいと思っています。この三本柱を上手くリンクさせて構築できれば真の健康を提案できる薬局グループになれると思っています。この仕組みを完成させパッケージ化できれば、他の地方都市で同じ考えをもつ薬局にも提供していきたいですね。この一宮で確立した仕組みを活かして、他のエリアでも展開できるようなシステムをつくり、地域に貢献できる薬局を広めていきたいです。

de” LIGHTとは「喜ばせる、楽しませる」の意味

「お客様に喜んでほしい、バイクライフを楽しんでほしい」を原点に。

――イタリアを代表するオートバイメーカー「DUCATI」。正規販売店である「de” LIGHT」は、バイクを通して一生涯の付き合いができるショップとしてバイク好きからの信頼も厚い。ドゥカティ東名名古屋をスケールアップし、東海地区最大のドゥカティ・ビッグストアとして二〇二〇年一二月にリニューアルオープンした。

まずは「de” LIGHT」についてお聞かせください。

片岡誉（以下片岡）　創業は一九九〇年。店名のディライトは「喜ばせる、楽しませる」を意味する言葉であるdelightからきていて、「お客様に喜んでほしい、バイクライフを楽しん

ではしい」という想いが原点にあります。そのためにはレベルの高い整備を行える技術力や提案力が必要で、それを目指してここまでやってきました。また、自分自身もバイク乗りとして、「自分のバイクの調子は一〇〇%なのか？」という素朴な疑問が常にあって、それをプロの目できちんと見られる場を作りたかった。乗り手は同じバイクに乗っているから、だんだんパワーが落ちていることにも気づきにくいものです。それを新車から走行五万キロ以上のバイクまでテストランしている経験豊富なメカニックが、プロの目で判断して不調を改善し、必要に応じてカスタマイズできるショップにしたかった。けれどメカニックの経験とスキルがなければ、たとえ不具合を感じてショップに持って行っても「そんなもんですよ」と言われてしまうこともあります。そうならないよう、経験豊富で高い技術力を持つメカニックを育てていくことも、我々の役目だと思っています。

de" LIGHTの高い技術力や提案力を求めて、関東関西をはじめ遠方からも自分のバイクを任せたいという人たちが集まってくるそうですね。

片岡　ありがたいことに、自分に合うバイクを探している人から、自分のバイクを任せたい人まで、全国から来ていただいています。自分のバイクが一〇〇%なのかをプロの目で見てほしい、また経験豊富なメカニックにメンテナンスしてほしいという人が増えていると感じます。さらに、私たちの原点である「バイクを楽しむ」ことに共感して足を運んでいただいているようにも思います。まず「見た目がカッコいい」バイクにこそワクワクするような楽しさがあるし、そこに「乗りやすさ」がないと楽しさも続きません。そして「安全」でないと心から楽しめない。「カッコよさ」「乗りやすさ」「安全性」そのすべてを満たしながらお客様の要望にも応えていくには、やはり高い技術力が必要になります。私たちが技術を磨くのも、お客様の理想を叶えることで、バイクをより楽しんでもらいたいからです。
　お客様の要望を解決する事が私たちの成長でもあると考えています。

具体的にはどのようにして技術を磨いているのでしょう？

片岡　分かりやすいのはレースへの参加です。毎年「鈴鹿・近畿選手権シリーズ」に参加し、「鈴鹿八時間耐久レース」への出場に向けて準備しています。レースは限られた時間で、求められることもハイレベルなものばかり。走り出すための優先順位を的確に判断し、それに向かってメカニックは自分のやるべきことに集中する。メカニックとしての腕を磨く最高の場だと思っています。そうしたレースで得た経験・技術を普段の整備などに起用し、オリジナル商品などにもフィードバックしています。レースでの経験やお客様の要望で製品となったオリジナルパーツも数多くあります。性能・軽量を重視したパーツは、そのほとんどがレースなどの実戦で開発・使用し、「性能向上を実感したパーツ」を製品化したものです。

会長ご自身もライセンスを取得し、レーサーとして参加しているそうですね。

片岡　はい。二〇一六年に鈴鹿選手権でシリーズチャンピオンになり国際ライセンスに昇格したことで、二〇一七年世界耐久選手権・鈴鹿八時間耐久レースにライダーとして参戦できるようになりました。きっかけは五一才の時。それまでは外車だけのイベントレースに参加していたのですが、ライダーとしてドゥカティで八耐に出場したい！　と目標を立てて五四才で実現しました。

レースはお客様も毎年楽しみにしているイベントで、三〇人ほどのお客様がヘルパーとして参加し、手伝ってくれます。他にもサーキットでの走行会を開催したり、仲間と走るのが好きな人にはツーリングを企画したり、これからバイクに乗ってみたい人には二輪免許取得キャン

ペーンといったメーカーが購入をサポートする特典など、それぞれに合ったバイクの購入や楽しみ方が充実してきました。

バイクを売って終わりではなく、その後も一緒になってバイクライフを楽しみ、バイク仲間同士のつながりを大切にされていますね。

片岡　お客様自身はもちろんのこと、そのご家族も一緒に参加できるイベントとして、全三店舗のすべてのお客様とご家族に向けたＢＢＱ大会は恒例になりました。毎回一五〇人以上が参加し、メカニックが三〇〇本以上の串を焼いたり、流しそうめんをしたこともあります。寒さ本番の二月に行われた「極寒ツーリング」には七〇台のバイクが集まりました。そうした場でお客様同士が仲良くなり、お客様主体でツーリングが企画されたりしています。私たちが知らないところでもつながっていくのは本当に嬉しいことで、これからもバイクを通じて思い出づくりのお手伝いができればと思っています。

リニューアルオープンした「DUCATI Tomei Nagoya」は、そうしたバイク好きが集まる新たな拠点になりそうですね。

片岡　そうなっていけるよう、気軽に足を運べる開放感を大切にしています。二階のラウンジは談笑しながらゆったりとくつろげる空間となっており、一方で展示台数は二〇台以上、メカニックは常時四名と、これまでにない規模でバイクをご覧いただけるようになっています。お客様がどのようなバイクを好み、どのような楽しみ方をされるのか、レース・カスタム・整備などを通じて丁寧にヒアリングし、私たちが積み上げてきた知識・経験・技術をもとにお客様に満足いただける車輌選びからサポートさせていただいています。購入後もカスタムやメンテナンス、またツーリングやサーキット走行などをご案内しながら、お客様の思い出に残るバイクライフを一緒に築いていきたいと思っています。

また、ディライト各店同様に自分のバイクが整備場でどのように整備されているのかをガラス越しに見られるようになっていたり、サスペンションやコンピューターのアップデートなど見た目では分からないオートバイの状態を最新の設備を使って数値化し、お客様に分かりやすく説明するよう心がけています。

お客様の価値観やこだわりに合わせてあらゆるカスタムに対応できるよう、私たちも一つ一つに信念をもって取り組んでいます。

そうした信念と技術力は、ドゥカティ公式のスクランブラー・カスタムコンテスト世界三位という輝かしい結果で認められました。

片岡　一〇〇台以上のエントリーから全世界での投票でドゥカティディーラー部門三位を受賞しました。ドゥカティは、デザインやファッション性に優れたイタリアのオートバイです。古くからある老舗メーカーですが、ファッションブランドのディーゼルとコラボレートモデルを発売するなど、他とは一味違う世界観を打ち出しながら新しいバイクライフを提案しています。そうしたメーカーに認めてもらえたことはとても嬉しいです。自社コンプリートバイクを作ったり、レースにも参加していく中で、他にないものを提案し提供できるようになりました。スタッフには女性のメカニックをはじめ若い人たちも多く、彼らの可能性に期待して、昨年三〇周年を機に二五年間一緒に働いてきた中村マネージャーに社長を任せ、会長に就任しました。これからの時代に合うショップを若い世代が作り上げていってほしいと思っています。

株式会社　インテック

――全国で約八千社の企業にエネルギー分野・セキュリティー分野での経費削減と安全性の向上をサポートする株式会社インテック。新規営業は一切行わず、顧客紹介率一〇〇%というから驚きだ。お付き合いが始まったお客様のための万全のアフターサービスを備え、その先の課題解決にも貢献していく独自のビジネス手法に迫る。

まずは会社について教えていただけますか？

松島慎治（以下松島）　簡単に言うと、企業の電気代をはじめとする経費削減をサポートする会社です。メインとなるのは、電気の基本料金の値下げによる経費削減です。そう言うと何かトリッキーなイメージがありますが、電力会社の料金制度を上手く活用すれば、正攻法で基本料金を下げることができるのです。まず電気の料金体系として、一般家庭の場合は基本料金が安い代わりに使用料が高く設定され、工場やビルの場合はその逆で使用料が安く基本料金は高い設定になっています。この基本料金は、消費電力の規模によって電力会社が決めるもので、私たちは電力会社との協議の中で基本料金を下げるということをしています。

そもそも基本料金を下げることができるという考えすら持っていない人の方が多いように思

います。どういった方法で下げることができるのでしょう。

松島　電力会社が基本料金を決定づけている方法はいくつかあります。その中の一つを活用して私たちがご提案しているのは、小さい容量設計でも通常通りに稼働できる特殊な電気ブレーカーの導入で、これを用いることで基本料金を大幅に下げることが可能になります。

その特殊な機材で事業をスタートさせたわけですね。しかし、いきなり話を持ちかけてもなかなか聞いてもらえないのでは。どのように営業されたのでしょう。

松島　二〇〇二年に、仲間五人と静岡の富士宮市でスタートしました。静岡県はエリアマーケティングの好適地であることに加え、そこに知り合いの商社があったことも理由の一つです。ここで通

用すれば全国で受け入れられるという思いでした。

お客様にはまず、電気代が下がっているということを数字で実感していただきます。機材を導入した翌月の検針に立ち合い、一ヶ月でどれだけ下がっているかを確認します。そして最初から高額な機材を購入する必要がないことをお伝えします。経費削減できていると納得いただいた上で、実際に削減できた経費分から機材使用量という形でのお支払いが翌月からスタートし、約七年間で機材代をいただくようにしています。いわゆる成功報酬型というスタイルで機材代を回収しているわけです。お客様にとっては新たな経費を捻出することもなく、経費自体も削減されていくのですから、メリットしかありません。その後も半年後、一年後と検針を続けてグラフを作成していますが、結果が目に見えて分かるからこそ、導入して良かったと思えるんです。そして、いいものだから紹介しようということになる。最初は敬遠されそうなビジネスだからこそ、効果を実感いただいたお客様からの紹介を営業の基本とし、人間関係を築いていきました。

そうして北関東や大阪、名古屋にも徐々に拠点がつくられ、顧客紹介率一〇〇％という絶大なお客様からの信頼を獲得しています。電力をきっかけにして、事業は様々な分野に広がっていますね。

松島　電気代の経費削減から始まって、もっと電気代を下げたいというお客様にはＬＥＤへの切り替えをご提案したり、セキュリティーを強化したいお客様には防犯カメラや発電機など、電気に関連づいた商材やサービスを提供することで事業を広げてきました。同時に、それにまつわるLED工事や防犯工事も弊社で行えるよう、電気有資格者が設備工事やメンテナンスまで一貫して請け負える体制をつくり上げています。また、セキュリティー分野では防犯カメラの活用方法までをコンサルティングしています。例えば、カメラ導入後には商品の売れ方や来客の導線などを把握することで、柔軟な接客サービスの提供が可能になるなど、売上アップにもつながるサポートをしています。

エネルギー分野からセキュリティー分野まで、お客様にとって安心して任せられる存在になっているようです。

松島　私たちは業界で唯一、ご契約いただいたすべてのお客様に毎年無料の定期点検を実施しています。機材の導入後は年を追うごとにそのメリットが薄れていきますが、毎年伺うことで導入効果を実感いただき、さらにはお客様のさらなるニーズをうかがう機会としています。お付き合いが始まったお客様には「一生の顧客」になってもらえることを営業方針として掲げ、万全のアフターサービスでサポートしていきます。時代の流れに合わせてお客様のニーズに応えていけるよう、LED、新電力、業務用空調機、電気工事といった取扱商材を拡大。これにより、さらに幅広くお客様の課題解決に貢献できるようになったと思います。

「一生のお付き合い」を約束する会社として社員教育にも力を入れ、チームワークを大切に

されていますね。

松島 私は小学校から野球を始めて、高校では神戸弘陵学園で甲子園ベスト八までいきました。今も野球部ＯＢや経営者チーム、会社のメンバーたちと一緒にプレイを続けていますが、野球から得た一番の学びはチームワークの大切さです。一人がずば抜けていても、自分だけが結果を出しても勝てない。性格もバラバラなメンバーが一つの目標に向かう時、それぞれの個性を認め合って自分の役割を全うし、そしてみんなで励まし合いながら進まなければ勝てないんです。

会社が発展し続けていくには、社員が成長できる環境づくりが必要だと思っています。それにはコミュニケーションとチームワークが大事なんですね。それを育む場として、毎月の懇親会や毎年の社員旅行を恒例としていますが、さらに仕事の時間以外にも社員同士が共有できるものを奨励しており、四人以上が親睦を深める

ために集まった時の活動費は会社経費から出るようにしています。野球でなくてもゴルフ部でも、釣り部でも、ＢＢＱ部でもいい。社内コミュニケーションが高まり、それぞれの考え方にも新しい刺激となればいいと思っています。

会社がチーム一丸となって、一生のお客様のために動く体制を整える中で、大切にされていることはなんですか？

松島　私が好きな言葉に『思考は現実化する』というのがあります。売れると心から思い、成功する姿をイメージできることが、その実現への第一歩。私たちのビジネスは、ともすると怪しく見られがちです。「本当に節電できるの？」「基本料金が下げられるってどういうこと？」といった反応が多いのも事実で、このような分野で詐欺のような悪質なビジネスが横行していた時期があったことも否めません。だからこそ、私たちは自分たち

の事業が確かなものであると心から思い、お客様が成功する姿をイメージできることが大切なんですね。

熱海の商店街では多数のお店で導入いただき、節電のお手伝いをすることができたのも、絶対にできると心から思えたからだと思います。導入効果で経費削減に成功した会社から次の会社へと差し向けてもらえる。その会社の信用でお仕事をいただけるのは、本当にありがたいことです。だからこそ期待に応えたいし、応えられると思っています。今後も、お付き合いいただいているお客様との関係性を深めていくことを第一とし、よりパーソナルなサービスを増やして、さらに細やかにケアできる体制を整えていく予定です。拠点のある地域と向き合いながら、展開エリアでのサービスを強化していきたいと思っています。

かっき的創造カンパニーとして、
次々と生まれる新素材、
新技術に対応していく。

かっき的創造プロデューサー

中京化成工業 株式会社　代表取締役社長

廣野 拓

中京化成工業 株式会社

〒448-0008 愛知県刈谷市今岡町西吹戸 10 番地 1

TEL：0566-36-3690

http://www.c-k-k.co.jp

――ものづくりの現場には欠かせない潤滑油。その中でグリースを製造する会社は、全国でも一五社ほどしかない。中京地区で唯一となるのが中京化成工業株式会社だ。その技術とノウハウを生かし、今では金属加工油や離型剤を次々と開発。業界初の国産化に成功している。新素材に対応した離型剤など時代の流れを掴んだオンリーワン製品を生み出し、日本のものづくりを陰で支える中京化成工業の社長、廣野が仕掛ける次世代戦略に迫る。

業界初の国産化をめざして

まずは会社の歴史について教えてください。

廣野拓（以下廣野）　創業は戦後間もない一九四八年。戦前戦中には日本にも様々なグリースメーカーがあり、ベアリングや軍事部品で必要とされる潤滑油としてグリースが販売されていました。ところが戦後のＧＨＱ占領下で日本の軍事産業は解体され、ほとんどのグリースメーカーが姿を消した時期があったといいます。それでも戦後復興に向けた産業の活性化は重要課題であり、それには機械をどんどん動かしていくことです。当然ながら機械を動かすためにグリースも必要となるわけです。そこで中京地区に新たなグリースメーカーをつくろうということになり、当時の通産省（現経済産業省）の担当者と血縁にあった創業者に声が掛かったのがきっかけです。すでに自動車産業をはじめとする工業地帯だった中京地区をいち早く復興させたいという想いも強く、その依頼を受けてグリースメーカーとしてスタートしました。

国からの依頼で始まったということは、創業当時は半官半民的なことだったのでしょうか。

廣野　そうとも言えます。すぐに自由競争にはなったものの、当時のグリースは配給制だったからです。その後、一九六〇年代に迎えたモータリゼーションで自動車が増えていくとエンジンオイルも製造するようになり、一九八〇年代には自動車部品をつくるための金属加工油の製造も始まりました。さらには、鉄からプラスチックへと素材が変化していく時代の流れをいち早くキャッチし、プラスチックを型から剥がすための離型剤を開発。変わりゆく社会環境やニーズに対応しながら、石油加工業として様々な製品を扱うようになりました。現在は、グリース・エンジンオイル・金属加工油を担当する「潤滑油グループ」と、離型剤やガラスコーティングを担当する「化成品グループ」に分かれて業務を進めています。

次々と新しい製品を開発していった原動力は何でしょう。

廣野　弊社には、創業時からの想いである「中京地区の工業復興」を掲げながら、「業界初の国産化」という代々受け継がれてきたミッションがあります。当時、アメリカやドイツからの輸入品に頼るしかなかった石油加工品を国産化し、日本製にしていこうと開発に力を入れてきた歴史があります。その成果として、金属加工油の「センターオイル」や、プラスチック用離型剤の「ペリコート」、LED用離型剤の「ダイオコート」など、業界初の国産化に成功した数々の自社製品があります。

開発に強い会社になる

廣野社長が入社されたのは、開発に強い技術提案型の会社としてまさに突き進んでいる時だったのでしょうか。

廣野　大学を卒業後、一九九九年に入社しました。確かにその頃から技術提案型と言われていましたが、実際にはそう見えなかったのが正直なところです。

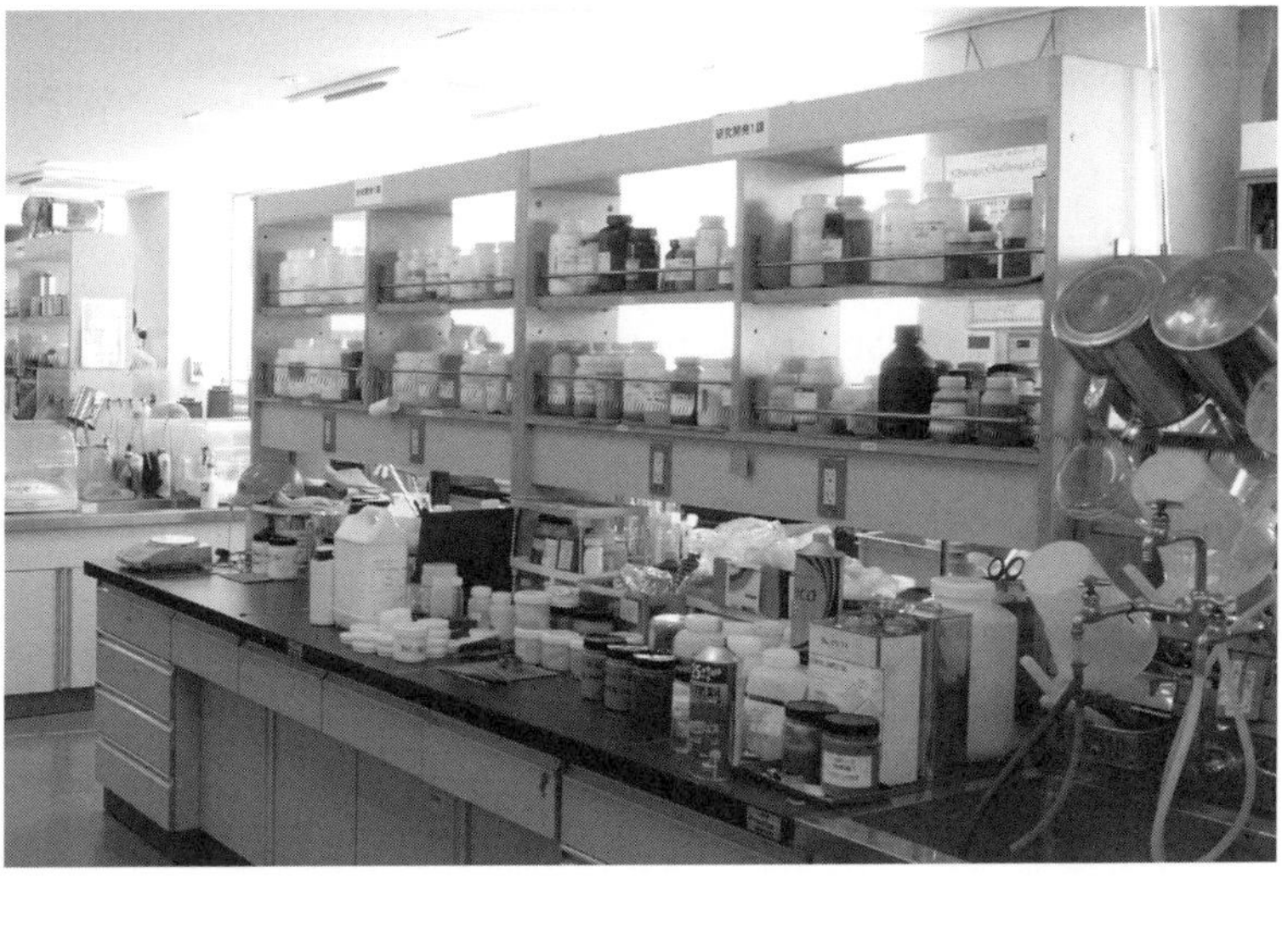

売上の大部分を規格品が占め、どちらかというと営業主体の会社だったと思います。営業部門の人員も多かったですからね。入社三年目には語学力を生かして海外担当の責任者となり、二〇〇一年から二〇〇七年までは海外販路の開拓に奔走。中国、タイ、ベトナムに日本製品を供給するため、現地販売店との直接取引を次々と結んでいき、現在も自社製品を世界へ供給する海外拠点となっています。営業として国内外で自社製品を売り込み、現場の状況を隅々まで見たからこそ、もっともっと開発に力を入れていくべきだと考えるようになりました。その後、営業責任者になってからは、特にゴム用離型剤の国産化をテーマに開発・拡販に力を入れ、今では大きな柱の一つとなっています。この二つの経験が、さらに想いを強くさせましたね。

そして社長になって、その想いを具現化されたのですね。

廣野　会社の強みを作り、将来も生き残れる会社にしていくにはやはり研究開発に力を入れ、真の技術提案型の会社にすべきだと思いました。そこで社長就任以来、次世代の開発を担ってくれる新卒理系学生を毎年積極的に採用し、四年間で一一名の学生が入社してくれました。社員八〇人規模の会社ではとても珍しいことですが、これで開発人員が全体の三分の一にまで増えました。現在も製造三分の一、営業三分の一、開発三分の一というこのバランスが理想だと思っています。製造メーカーでは特に製造部門に人員が偏りがちですが、どの部門にも偏らないことで、製品の入口から出口まで抜かりなく、開発・製造・販売を一貫して行えることが自社の大きな強みになっています。また人材と同じように大切なのが設備です。分析機器だけでなく、性能を評価できる評価試験機を多数導入し、開発に専念してくれる優秀な社員にふさわしい環境設備を整えていくことを心がけています。

名実ともに開発に強い会社となっていったわけですね。

廣野　そうなっていくよう常に努力をしています。おかげさまで、安定した潤滑油グループの製品を供給する一方で、化成品グループでは、初の国産化に成功したプラスチック用離型剤「ペリコート」を皮切りに、ＬＥＤ用離型剤「ダイオコート」は国内シェア九〇％、ゴム用離型剤「キュアコート」はウェザーストリップ用シェア一〇〇％を得るなど、市場に先行して開発を行ってきた成果が出ており、確かな手応えを感じています。また、潤滑油と離型剤の両方を扱う会社は他にありません。だからこそ幅広い知識と技術、そして初の国産化成功で積み上げてきた実績を生かし、今後も開発に力を入れていきたいですね。

すでに次世代に向けた開発テーマもあるそうですね。

廣野　はい。まずは産学官連携による新分野の開拓です。自動車産業と関わりの深い名古屋大学、宇宙産業と関わりの深い岐阜大学と連携し、新素材の離型剤を開発しています。具体的には、鉄とプラスチックの特性を併せ持つＣＦＲＰ（炭素繊維強化プラスチック）。これは硬くて軽いことから、あらゆる工業製品において次世代の部品になっていくといわれる新素材です。他にもＳＤＧｓ（持続可能な開発目標）として、生分解性商品の開発にも力を入れています。

かっき的創造カンパニー

最後に今後の展望をお聞かせください。

廣野　この先、どんな時代になろうと、ＡＩも含めた機械やモノを動かす動力がある限り、油は必要とされます。ものづくりの現場には、必ず我々のような石油加工品メーカーがいるわけです。そして新素材・新技術にいち早く対応していけば、必ず世界に求められるメーカーになれるでしょう。私たちは、誰にも真似できなかった国産化を成し遂げた技術力で、自社製品の開発はもちろんのこと、これまでにいろんな分野でＯＥＭ製品の開発をお手伝いして

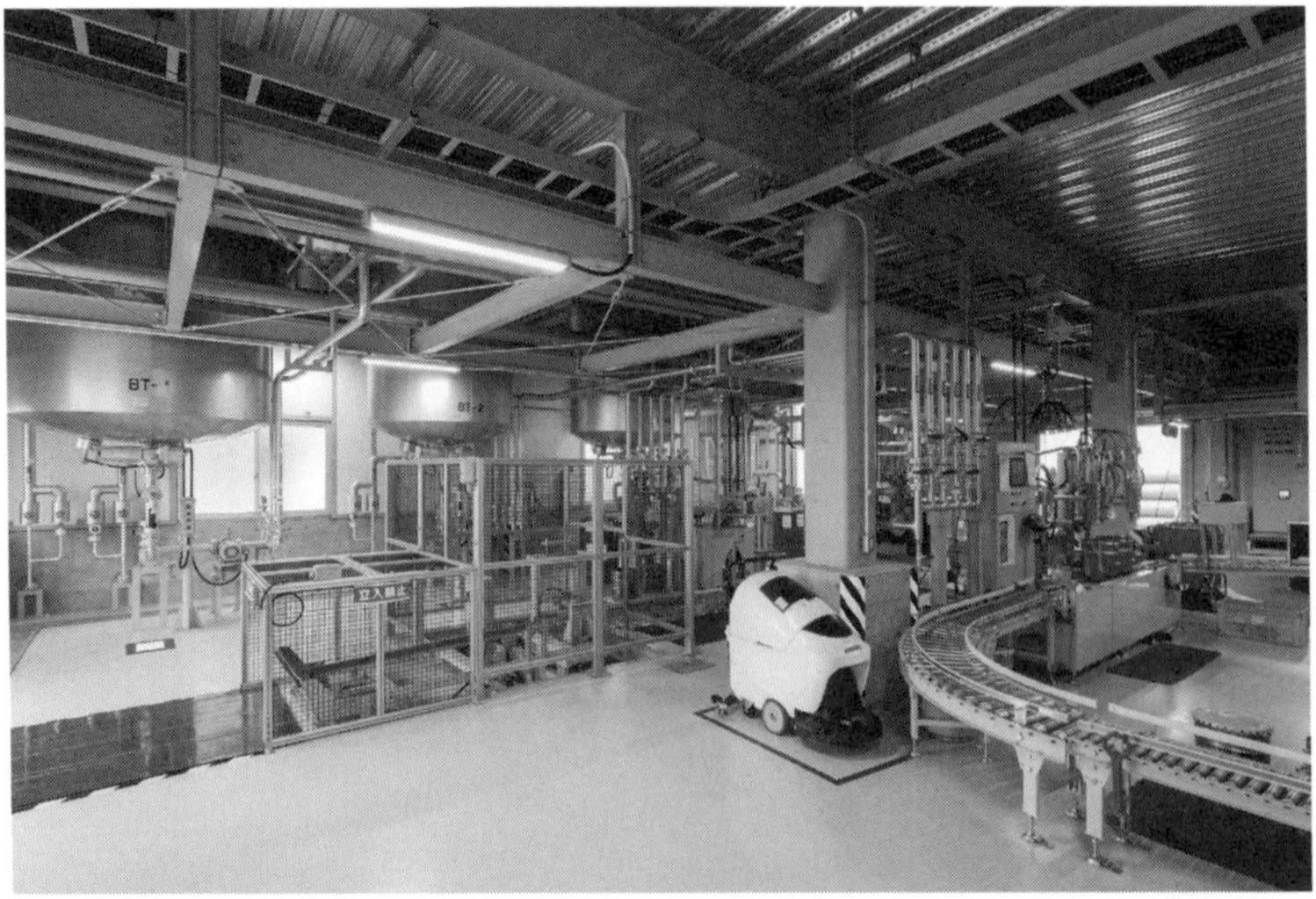

きました。そして、海外担当時代に自らの目で世界を見てきたからこそ、メイドインジャパンの強さや、販路を広げていくことよりもオンリーワンの製品で勝負することの大切さを実感しています。

時代の流れやニーズの変化に合わせて、絶妙のタイミングで誰にも真似できない製品を生み出し、世界からわざわざ買いにきてくれるものをつくれる会社になっていきたいと思っています。そうした業界をリードするような「画期的」な製品を生み出していくことで、社内が「活気的」になり、企業城下町として工業を支えてきたこの地域の「活気」にもつながっていくのだと思います。それが、私たちが目指す「かっき的創造カンパニー」です。そうした「かっき」の連鎖で、社員や社会にも貢献できる会社でありたいと思います。

新しい発想で、
なりたい自分実現商品を創り届ける。

――消費者の求める声から売れる要素を導き出し、開発した商品は雪だるま式に発展させ磨きをかけていく。世の中にまだないものを創り上げ、より多くの人に届けたいと挑戦を続ける山中雅嗣のもの創りに迫る。

まずは会社について教えていただけますか。

山中雅嗣（以下山中）　主に通販や生協向けの商材を自社開発し、企画から製造、販売提案までを一貫して手がける会社として、二〇〇四年に創業しました。現在、一〇〇社ほどの通販会社さんや生協さんと取引しており、販売媒体となっていただいています。商品を企画し、製造して、在庫を持ち、売り込みのフォローや消費者への対応もする、一つ一つの商品のメーカーになることを目指しています。販売チャンネルをいくつも持ち、製造ロットという在庫リスクを減少させることで、それが可能になります。弊社が開発する商品の特徴は、消費者が抱える自己実現欲求を叶える商品として、世の中にまだないものや、健康や美容に特化したものを、ゼロから新しい発想で創り上げていることです。

もともと健康や美容に興味があったのですか。

山中　一七歳で筋トレを始めた頃から、身体のことや健康については気にかけていたように思います。それからボディビルのコンテストに出場するようになり、二〇代は日本一のボディビルダーを目指していました。二八歳で愛知県のチャンピオンになることはできたのですが、生まれながらの骨格や筋肉の質から、日本一を目指す次のステップはとても大きいものだと感じました。たとえそこに到達できたところで、「その先に何があるんだろう？　これでいいのかな？」という思いも湧いてきて、結局は愛知県のコンテストで優勝したことをきっかけに、ボディビルは趣味として続けながら、「自分には他に何ができるだろうか？」と考えるようになったんです。それで健康をキーワードに仕事を探す中で、創業社長がいる会社であることと、参入障壁が高くない業界であることに注目し、それらを満たしている会社に就職しました。

最初から独立を考えていたのでしょうか。

山中　独立しようという意識はありませんでしたが、創業社長がいる会社なら自分にもできる何かを見つけられるんじゃないかと思いました。もともと家族や親戚に会社員がいなくて皆起業していたせいか、子供の頃から自分で意思決定することを求められていたし、自分のことは自分で決めるということを周りの大人もやっていました。自ずとやれる事を自分で見つけきたように思います。

起業のきっかけは何ですか。

山中　前職では健康・美容商材を企画して提案するという営業の仕事をしていました。通販会社のバイヤーさんとの商談から始まって、話の中で得たヒントから商品を企画しました。そうして生まれた商品をいろんな通販会社に展開していくわけですが、それぞれの通販会社にはそれぞれの顧客層やターゲットがあり、同じ商品でも売れ方が異なります。ターゲットが異なるということは、同じ商品でもコンセプトやビジュアルパッケージをターゲットに沿って変える必要があるということですが、全ての通販会社がそうした機能を持っているわけではありません。だったらそれを代行するというニーズがあるはずだと思い、それが強みになる会社を作ろうと独立することにしました。同時に、もっと自分らしい商品にも挑戦したいという想いもありました。

商品を企画して作るだけでなく、その先の売り方までを提案するということですね。

山中　はい。他社との差別化で弊社の強みとなっているのが、それぞれのカタログの先にいる顧客に合わせてビジュアルを撮り、カタログにそのまま差し込んでも違和感のない表現で商品を仕上げているということです。商品は、製品・広告・情報の三つで構成されるものとして、製品そのものを作るだけでなく、そのままカタログに掲載できるような写真やキャッチコピーを添えた広告を作り、その商品を掲載する理由となるような時流や説得力のある情報をまとめ、バイヤーが会議でも社内提案しやすいようにしています。つまり、販売会社がどう売るかを考えなくてもいいようにすることです。また、弊社の商品を選ぶ後押しとなるよう、正午までの注文で即日発送することを約束しています。品質トラブルなどがあればすぐにでも生産国に飛ぶ覚悟です。そうやって障壁を取り除いていくことで、自ずと弊社が選ばれるようになると思っているし、それには販売会社が楽になるにはどうしたら良いかを常に考えることが大切だと思っています。

売れる商品を生む秘訣はありますか。

山中　まずは一流バイヤーと仲良くなることです。それには、自分と組めばスムーズに仕事ができると思ってもらえること。この人に話せばそれが現物になり、製品として目の前に現れると分かってもらえれば、その会社が何を求めているかを引き出すことができます。あとは、一つのキーワードで生まれた商品を発展させる力です。例えば体幹筋を鍛えるという時流から、体幹筋をエクササイズできる室内スリッパを開発したとします。そこから外履きできるサポ、または自分の靴でも使えるインソール、さらにはスパッツにできないか？　とアイテムを広げていきます。販売結果が新たな情報を生み、それを活かしながら商品が雪だるま式に磨かれていくというわけです。「体幹筋を鍛える」という売れる要素を、どれだけ発展させていけるかということになります。

逆に売れなかった商品というのはあるのですか。

山中　もちろん山程！　最初から全てがうまくいったわけではありません。いくつものピンチを乗り越えてきました。特に会社を立ち上げた頃はプロテインの商品開発に力を入れましたが、良い商品を作ったのに売れないという経験をしました。当時でも二〇〜三〇億のマーケットがあるはずなのに、安くても「安すぎて怪しい」となるわけです。また、ヒット商品を生んでも二週間後にはコピー商品が出回り、売り込み先ではこちらがコピー商品だと思われてしまいました。そうした経験から、会社に力がなければ本物にはなれないと実感しました。そこで会社に体力をつけるため、「取引先を増やすこと」「帝国データバンクの評点で五〇点を獲得すること」「三年間の黒字決算を達成すること」を優先課題にしました。自分の無力さから課題が浮き彫りになったことで、創業初期には安心できる会社づくりに注力してきました。

そうして会社に体力がつき、ヒット商品が次々と生まれるようになってきた今、自社商品として新しいシリーズを展開しているそうですね。

山中　はい。会社に力がついたことで、通販カタログの他にドンキホーテなどの店頭でも商品を展開できるようになりました。さらにもっと消費者の声をダイレクトに聞きたいと思うようになり、B to Cに向けた自社ブランドの商品開発をスタートしました。商品は人間が本質的に持っている悩みの解決に特化したもので、「眠る、歩く、食べる、魅せる」をコンセプトにしています。そこで、この四つの幸せにつながる商品を深掘りしていく「しあわせ事業部」を一年半前に立ち上げました。社員にはそれぞれの商品に合わせた資格を取得してもらい、プロの専門家として消費者の悩みなどにも誠意を持って直接対応できるようにしています。

具体的な商品が、すでに楽天とアマゾンで発売されています。

山中　自社ブランドの第一弾は「ディープレスト」枕です。ゲル、ウレタン、七つの鉱石を配合した独自素材を開発し、枕のへたりも

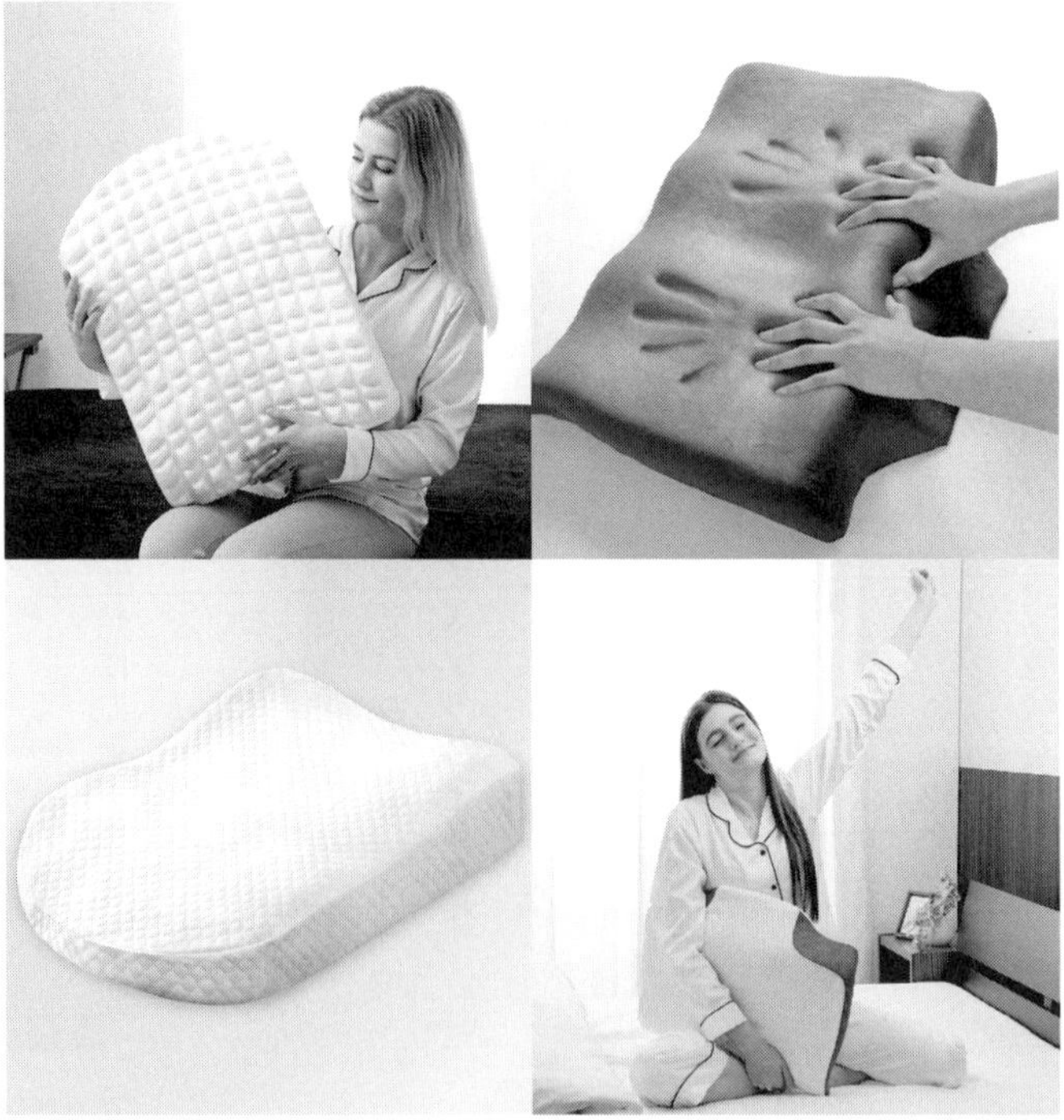

なく、いびき対策できるものです。さらに眠りの悩みに応じて「いびき・肩こり・夏の暑さ・すべて」の四タイプを展開しています。似たような製品はできても素材からは真似できないと思うので、今後も素材に特化した商品を開発していく予定です。新型コロナウイルスの影響で、眠りへの投資を惜しまない人が増えているという追い風もあって、発売から一年半で一万個を販売しています。どんな商品をどうやったら売れるのか、それはどこで作ればよいか、そこなら何ができるのかというノウハウが蓄積され、それを実行できる体力もできた今、弊社の「商品クオリティ・発送スピード・充実したサービス」は、大手とも肩を並べられると思っています。

今後の目標があれば教えてください。

山中　私個人の目標としては、「常に今以上に挑戦していく」ことです。会社の目標は、「世の中にない商品を創り上げ、世界中のより多くの人にお届けする」ことです。これまではどちらかというと私個人の力で推し進めていたところもありますが、これからは社員と協業して、それぞれの役割を考えながらワンチームで取り組んでいきたいと思っています。

昔ながらの伝統製法で
小麦香る、熟成焼そば。
製麺
大磯屋
大磯屋

焼そばの極め人

株式会社 大磯屋製麺所　代表取締役

磯貝 賢一

製麺

大磯屋

株式会社　大磯屋製麺所

〒447-0849 愛知県碧南市築山町 1-54
TEL：0566-41-0476
https://www.oisoya.jp

――どこまでも小麦の風味と食感にこだわり、他では真似できないコシと旨味を生み出した大磯屋製麺所。効率化の中で消えていった昔ながらの伝統製法を守ることが、会社を守ることだと確信し、手間ひまを惜しまない熟成焼そばを作り続ける。その麺づくりへの熱い想いと、焼そば文化を広めるための新たなチャレンジに迫る。

まずは会社の歴史から教えていただけますか？

磯貝賢一（以下磯貝）　一九二六年（大正一五年）に「大磯屋うどん店」として創業したのが始まりです。当時は主に白玉うどんの製麺所でした。江戸時代から港町として栄えたこの大浜地区では、集会などのシメにうどんを食べる習慣があり、地域のコミュニケーションには欠かせない食べ物でした。これは鶏肉・ニンジン・油揚げ・椎茸を甘く煮て具材にした五目うどんで、この地域では「法事うどん」と呼ばれていて、うどんの製麺所も少なくなかったといいます。

焼そばを作るようになったのは、昭和三六年頃、二代目の祖母の時でした。新しい考え方を持つハイカラな人だった祖母は、うどんだけではなく時代に先駆けた新しいものをということで、戦後の西洋風な食べ物として人気のウスターソースを使った焼そばを、うどんのノウハウで作り始めたんです。ダイハツミゼットの三輪トラックの荷台に焼そばを積んで、ご近所や八百屋などに売り歩いたそうです。

その後、磯貝社長が四代目として継ぐまでに、事業存続の危機があったそうですね。

磯貝　はい。私が小学校四年生の時に父が他界し、母は三人の子供を育てながら仕事を続けるのは到底無理だからと、店を閉めるつもりでした。ところがお客さんたちが「ここの焼そばが本当に美味しくて大好きだから、ぜひ残してほしい。麺さえ作ってくれれば、今までのように配達しなくても、自分たちが取りに来るし協力もするから」と言ってくれたそうです。地域の皆様に支えられて、存続の危機を乗り越えることができました。

そうやって地元で愛されてきた焼そばだから、自分が継いだ時には製麺だけでなく、調理したものも提供できるようになったらいいなと思うようになり、高校卒業後は調理師専門学校へ進みました。調理師免許を取得すると、今度は業務用の中華麺を作る会社の立ち上げに参加させてもらうことになり、そこで二年半修行する中で、営業をゼロから経験させてもらいました。

いつ頃から焼そばに特化するようになったのでしょう。

磯貝　私が二〇〇二年に入社した時には、まだうどんもラーメンも製麺していましたが、愛知中小企業家同友会での活動を経て、二〇〇八年に焼そばに特化することを決めました。そして早くから金属探知機やウエイトチェッカーを導入し、小さな製麺会社であっても食品業界として当たり前のことをしっかりやっていこうと改善するにつれて売り先も広がっていき、二〇〇九年には地元大手スーパーのドミーさんでも店頭に並ぶようになりました。

また入社当時は、製造の効率化を目指していたこともあって、小麦のブレンドを五種類から二〜三種類に減らす試作を何度も試みました。けれどどう配合を変えてみても全く美味しくない。設備も見直そうとしていましたが、やっぱり木箱で乾燥させないと美味しくならないんです。木が麺の余分な水分を吸ってくれるからです。食品メーカーでは木製品はタブーともされていますが、大磯屋では木製品を使うことに意味があったんです。扱いやすさや効率だけを求めてはダメだと思いました。

昔ながらの製法はやはり手間がかかります。でもその手間を省いてしまったら、それ以上のものはどうしたって作れないと、自分の試行錯誤の経験の中で思い知らされました。製造ラインを新しく作ったところで、麺のコシも風味も損なってしまっては、地域の人たちが「美味しい」と言ってくれたものができなくなる。それでは意味がありません。そうやっ

て効率化の中で消えていった、昔ながらの美味しい麺はたくさんあったはずです。だからこそ、私たちは大磯屋の焼そばを守っていくんだという強い気持ちになりました。

その一つひとつの手間にはすべて意味があるのだと、そこに大磯屋だけの強みがあったのですね。しなやかなコシと、もっちりとした食感。そして噛むほどに感じる小麦の風味は大磯屋ならではです。具体的に、どのようにして作られているのでしょう。

磯貝　うどんの製麺所として創業しているためか、小麦の風味と食感は、大磯屋のこだわりとして代々受け継がれてきたものです。うどんを乾麺にして販売していたこともあり、そうめんなどの乾麺製造で用いられる伝統製法によるもので、焼そばをこの製法で作っているのは本当に珍しいと思います。

　具体的には、製麺したての生麺を棒に掛け、殺菌効果のある杉の木箱の中で丸一日熟成させます。「島

田掛け」と言われるこの乾燥熟成によって水分と空気を抜くことで、小麦の香りと甘みがギュッと凝縮され、小麦の風味が残ります。同時に、旨味をしっかりと感じられる歯応えが生まれ、大磯屋独自の美味しさにつながっています。熟成前後の麺を比べると一目瞭然で、白っぽかった麺が熟成後には褐色に色づき、香ばしい香りが箱いっぱいに広がります。

この半生麺を大釜で一気に茹で上げ、特有のもっちり感を引き出しながら、小麦の風味を麺に閉じ込めます。茹で上げには職人の感覚による微調整が必要とされ、茹でたての麺はそのまま食べてもとびきり美味しいんですよ。茹で上がった麺は油をまぶして手早くほぐし、風にさらしながら職人が手作業で素早く冷ましていきます。冷水で冷ます一般的な製法では、水っぽくなって風味まで洗い流されてしまいますが、手冷ましをすることで、麺にもっちり感と小麦の風味を残すことができるのです。

もちろん、大磯屋の焼そばのコシと旨味のベースとなっているのが、こだわりの小麦ブレンドです。

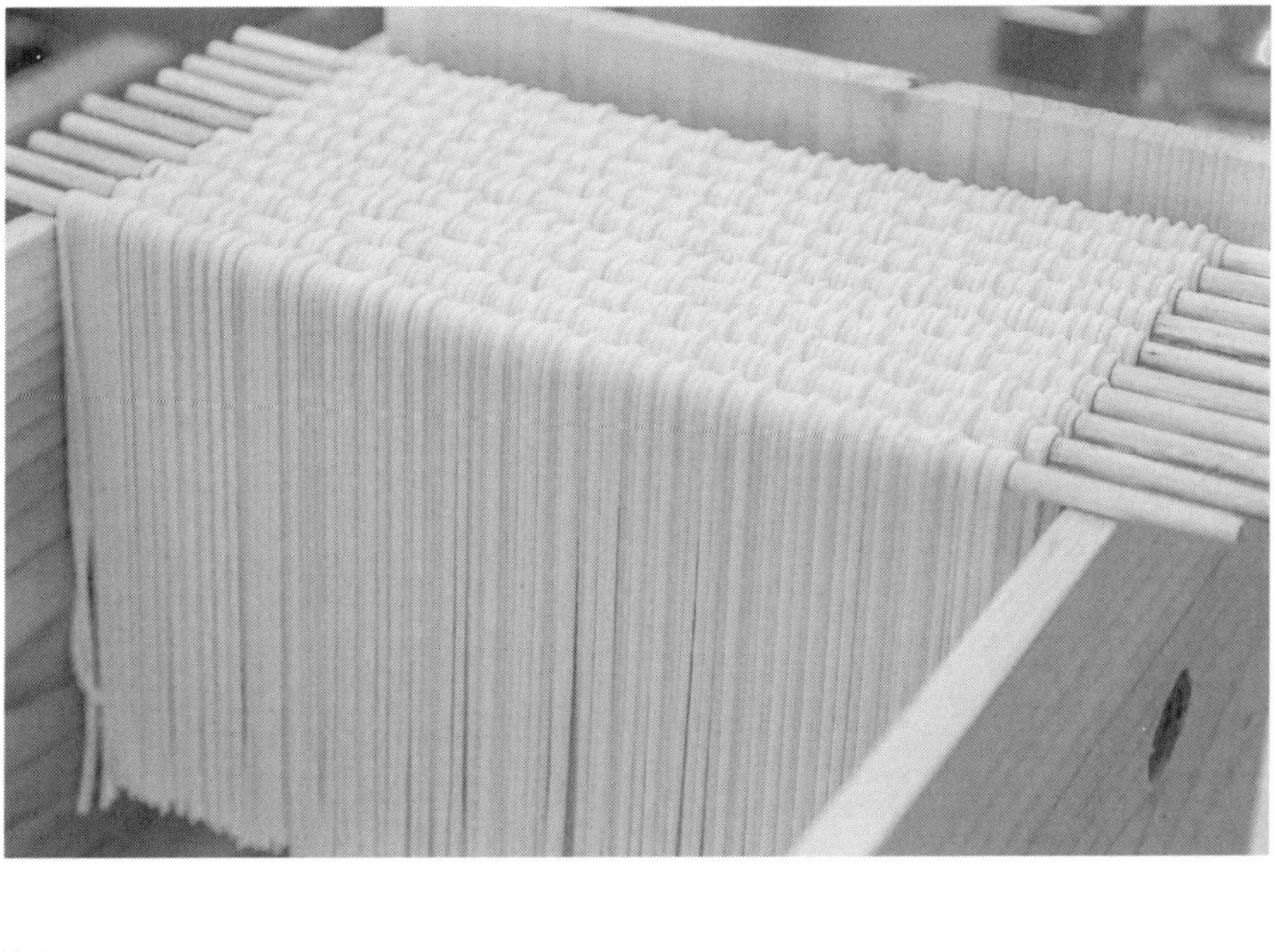

その絶妙な配合によって、甘みや香り、コシの強さがそれぞれ違う五種類の国産小麦の個性が、麺の中にしっかりと生きています。

その唯一無二の味わいから、様々なメディアでも取り上げられていますね。

磯貝　二〇一九年に「満天！青空レストラン」で取り上げられたことが大きかったです。いろんなメディアで紹介していただきながら、認知されていきました。中でも嬉しかったのは、哀川翔さんが大磯屋の焼そばを気に入って毎月のようにご注文いただいていることです。そして事あるごとに「御用達焼そば」としてご紹介いただき、大変ありがたく思っています。

最近では新たな取り組みもスタートしました。今後の展望と合わせてお聞かせください。

磯貝　調理師免許を取得した時から、ゆくゆくはこの焼そばを食べてもらえる飲食店をやりたいと考えていました。その手始めとして、イベントで露店を出すうちにキッチンカーを運用する人たちと仲良くなり、情報交換させていただくようになりました。それで考えが変わってきたんです。一つの場所にお店を構えてお客様を迎え入れることよりも、まずはいろんな場所にこちらから出向いていく方が、大磯屋の焼そばを広めるにはいいんじゃないかと。いろんな人に食べてもらって、味わってもらうためのキッチンカーです。これならすぐにでもやれるんじゃないか、やらないとダメだという確信から、キッチンカーの事業をスタートすることにしました。大磯屋のキッチンカーで、全国のお客様に会いに行くのを楽しみにしています。そして焼そばコミュニティーをつくっていきたいですね。

さらには、今後これをフランチャイズ化していきたいと思っています。暖簾分けのイメージで、大磯屋のこだわり麺を広めたい人たちと、キッチンカー運用で仲間づくりをしていきたい。焼そば業界は、メジャーなラーメン業界に比べてまだまだ小さな市場です。専門店は少なく、喫茶店や鉄板焼屋さんで提供されていることが大半です。けれど焼そばのポテンシャルはもっと高いと思っています。同じ麺でも、焼き方によって味は大きく変わるんです。そうやって自分の美味しさを追求する面白さも伝えていきたい。ラーメンのように進化を遂げられるよう、焼そば文化を高めていくことも自分の使命として精進し、熟成焼そばを通じてたくさんの笑顔をつくっていきたいです。

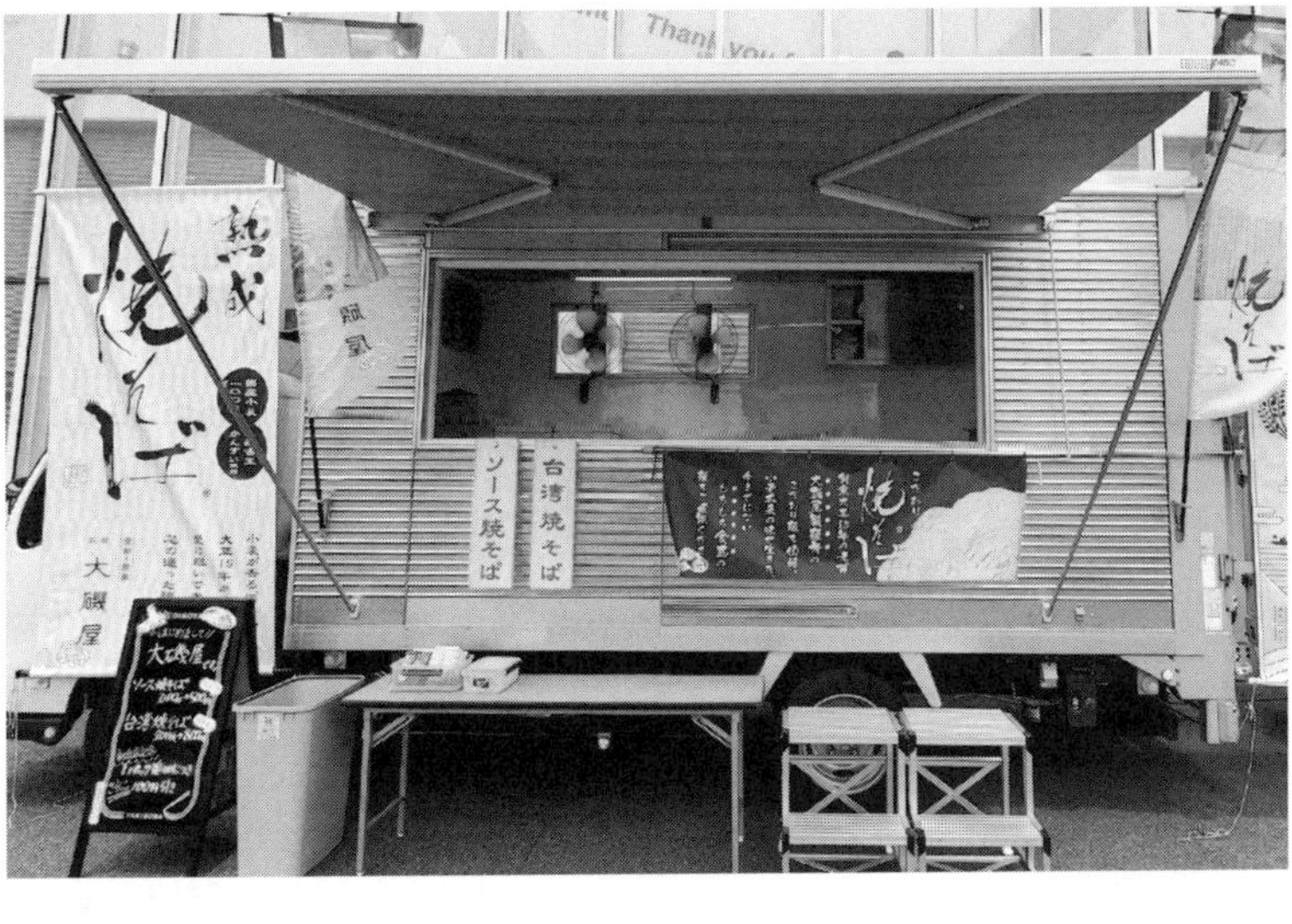

注文でも提案でもない 共に造る〝対話型住宅〟

――鹿児島県鹿児島市中山町に「対話型住宅」「対話型リフォーム」を掲げる、話題の工務店がある。メールやSNSでのやり取りが増え、コミュニケーションの方法が変わりつつある時代。顔と顔を合わせた「対話」を大切にする相場工務店の代表・相場敏男に話を聞いた。

まずは相場さんがこの業界に進んだキッカケを教えてください。

相場敏男（以下相場）　実は大工一家で、男三人女一人の四人兄妹なのですが、男三人はみんな建築業界に進んでいます。だから、僕が大工を目指すのも自然な流れでした。父は一五歳から大工として活躍していて、本格的な日本家屋を手がける腕のいい職人です。自分は、一七歳から実家の工務店に入り、この世界で修行することに。「父のやり方だけでなく、もっと視野を広げたい」と思って、二〇歳の時に実家の工務店を出ました。他の工務店で型枠大工を経験して、それから二二歳の時に沖永良部島《おきのえらぶじま》の工務店で修行することになりました。

沖永良部島はどんな島なのですか？

相場　鹿児島県ですが、どちらかと言えば沖縄のほうが近いほど離れている、人口二万人に満たない小さな島です。島に知人はほとんどおらず、友人はもちろんゼロ。島に渡った当初はとても孤独でしたね。でも、そこでの出会いや経験が現在の人間性を形成してくれました。島でスポーツ店のオーナーさんと知り合って、僕が寂しがっているのを知ると「野球をやってるから来なよ」と誘ってくれて。野球に参加すると、居酒屋のオーナーさんと知り合って「夜はバイトせんか？」と誘ってくれて。本当に気さくな方が多くて救われました。職人の世界は、厳しくて、ぶっきらぼうで、口べたで、たんたんと仕事をしていく。そんな感覚がありましたし、僕も人付き合いが得意な方ではなかった。でも、沖永良部島で温かさや愛を学びました。「仕事もこうでなくちゃいけない。思いやることや人に寄り添うこと。この気持ちをずっと大切にしていこう」と心に誓いましたね。

それから鹿児島市内に戻って独立するわけですね。

相場　はい。鹿児島市内に戻って二〇〇九年に独立。匠工務店をスタートさせました。その頃は住宅の下請けが中心で、いろいろな現場を経験するうちにもどかしさを覚えることに。「もっとお客様に寄り添う方法はないのか」「もっとお客様の夢をカタチにすることはできないのか」など。そうして一級建築士の兄を誘って法人化。二〇一六年に相場工務店を設立しました。

本題の相場工務店が掲げる〝対話型住宅〟〝対話型リフォーム〟について。これはどういうものか教えてください。

相場　私たちが胸を張って言っているのが、「いつでも現場を見に来てください！」ということ。お客様の希望をヒアリングし、こまめに相談しながら住宅やリフォームを手がけています。新築住宅の場合、打ち合わせをしてから図面をおこしますが、納得していただくまで話し合い、図面を何度も書き直すこともあります。「それは当たり前じゃん」と思われるかもしれませんが、私たちは〝対話型〟を掲げているように、とことんやり抜いています。できるだけ現場で顔を合わせて、お客様と打ち合わせをするのが私たちのモットー。家が建っていく雰囲気を感じてもらいながら、その都度、確認してもらっています。また、現場に来られない場合は「ｍｙｈｍ」というアプリを活用。お客様がどこからでも進捗状況を写真付きで確認できるようにしています。そうした取り組みが実って、「相場の職人さんはよく話してくれる」「質問に細かく答えてくれるから安心できる」などの声をいただいていますね。

こうした対話は簡単なようでなかなか難しいもの。どうしてそれを実現できているのですか？

相場　自社で職人を抱えているからです。住宅業界は、住宅を販売する人間、設計する人間、そして建てる人間、それぞれが違う会社や業者になっているのが普通です。複数の人間がお客様との間に入ることで〝ずれ〟がどうしても起きてしまうんですよね。それが独立当時はとてももどかしかった。相場工務店は、そうした〝ずれ〟をなくすために対話型という方法をとり、できるだけ自社の職人で家を建てるようにしています。相場工務店には、一級建築士、二級建築士、電気工事職人、塗装職人、そして大工職人である私が在籍。対話することで「イメージと違う」「図面と違う」というケースがなくなりますし、自社の職人ですから、必要に応じて即座に修正することも可能です。新築住宅ですと着工から竣工まで四ヶ月程度と、時間を要することが多いですが、お客

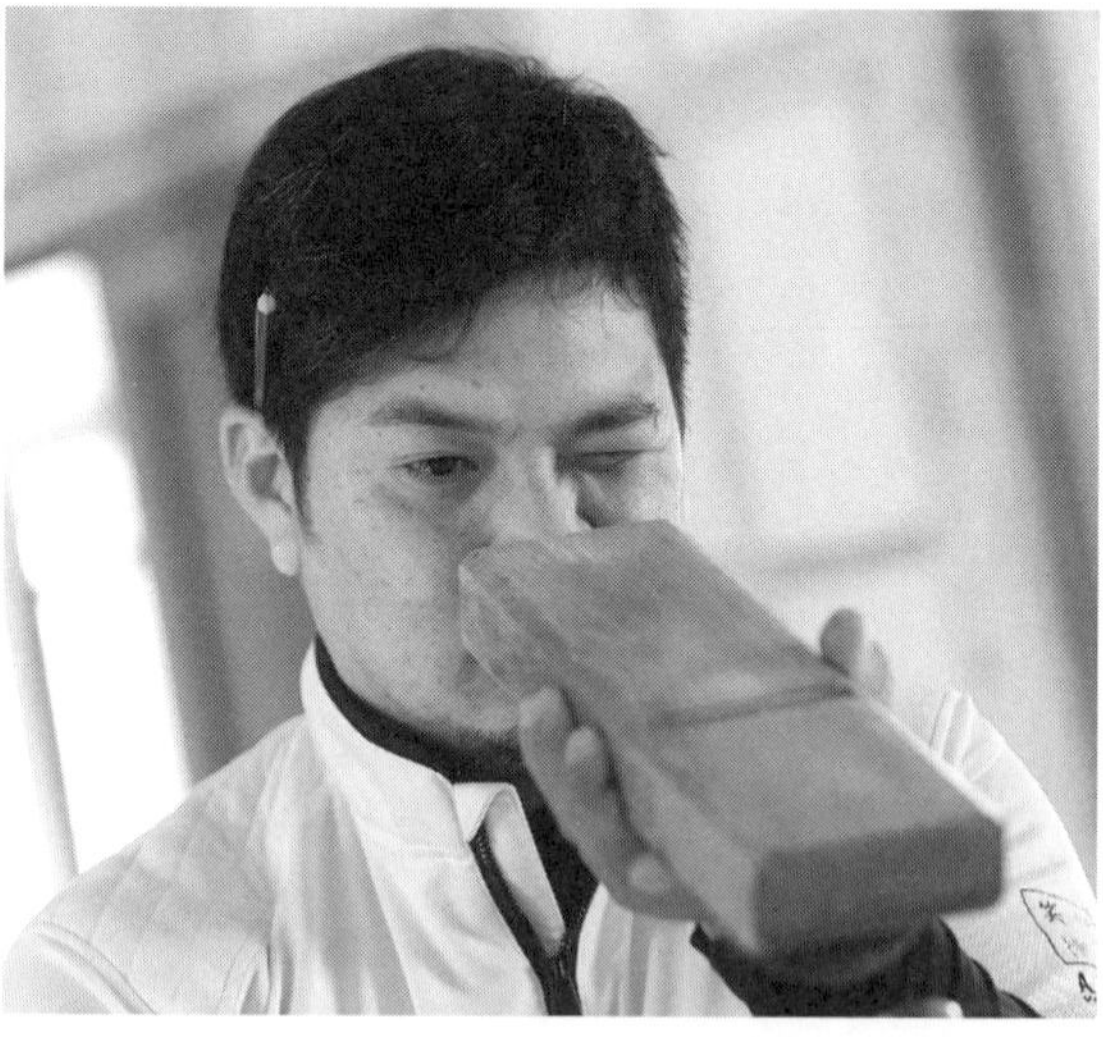

様の声を聞きながら責任を持って造っているからです。

それは素晴らしいですね。職人集団というのも特徴です。では、対話する中で生まれた実例を教えてください。

相場　Y様邸を手がけた時は、「わがままを全部聞いてもらえた！」と大変喜んでいただきました。奥様がインテリアに興味のある方で、雑貨や照明器具に強いこだわりがありました。ですから、好みのものを買って来ていただき、それを取り付けることにしました。お客様は、図面の見方が分からない方がほとんどです。意外と大切なのがスイッチやコンセントの位置。暮らし始めてから高さや場所にストレスを感じるケースが多いんですよね。相場工務店には電気工事士がいるので事前に相談し、納得のいく答えを聞いてから進めています。コンセントの高さは約二五センチが平均ですが、「しゃがむのは腰に負担がかかるから高めにしてほしい」なんて声も。ほかには、将来的に子供が増えた時に対応できるような工夫や、父からプレゼントされた一枚板の木材を使ってカウンターを作ったこともあります。お客様の〝叶えたい〞を叶えていくのが私たちの役目。それが職人でありプロなのではないでしょうか。

現在はどんなお客様が多いですか？

相場　新築住宅は様々ですが、リフォームですと五〇代の方が多いですね。子供が家を出て、夫婦二人が暮らしやすい家にするためのリフォームです。地元に戻ってきた三〇代の家族からの依頼も多いです。これは二世帯住宅の相談が中心。相場工務店では店舗の設計やリフォームも手がけています。

今後の目標を教えてください。

相場　自社で本格的な家具を製作できるようになりたいですね。現在も自分たちで作ったりしますし、外注を使ったりすることもありますが、さらにクオリティをアップさせたい。それこそ一〇〇年使えるような家具を提供できたらと思っています。家具職人の世界は高齢化が進んでいて、人手が不足しています。左官職人も業界的に人材不足。こうした分野の人材を育てて、庭から壁から屋根から家具まで、一棟丸ごと相場工務店で建てられるようになるのが理想です。外注を減らすことは経費削減につながりますし、住宅の価格を下げることにもつながりますから。

こうして話をしていると、相場さんの穏やかな人柄が伝わってきます。お兄さんの素敵な笑顔もそう。本当に皆さん、楽しそうに仕事をしています。

相場　それはお客様からもよく言われます。相場工務店の職人は、良い意味で皆さんがイメージする職人と違うと思います。気さくで、人懐っこくて、楽しそうに仕事をする人間ばかりですよ。だから、お客様も質問がしやすいですし、〝対話型〟が実現できているのだと思います。

実は、先ほどから胸のロゴマークが気になっていました。

相場　沖永良部島で学んだことを忘れないよう起業前に作ったロゴで、経営理念としてずっと大切にしていること。社員のみんなにも共有しています。素直であること、謙虚であること、感謝の気持ちを持つこと。それを心に秘めておくこと。職人である以前に、一人の人間としてこの気持ちを大切にしています。

――保険会社の営業社員でありながら、積極的に保険の営業をしないと評判の人がいる。プルデンシャル生命保険の甲田だ。何度会っても困りごとの相談に乗ってくれるその姿勢に、ついにはお客様からいつ保険の話をするの？ と聞かれると言う。しかしその営業方針で甲田はＭＤＲＴ※会員であり続ける好成績を上げている。そこには、地域と地域、人と人とをつなぐ彼独自の考え方があった。その甲田の信念に切り込む。

お客様の力になりたい

まずは、銀行員時代のお話からお聞かせ願います。

甲田哲也（以下甲田）　子どもの頃は、銀行員だった父の姿を見て「銀行員って大変だな」と思っていたので、まさか父と同じ道を進むとは思っていませんでした。いざ就職する時になると、住んでいる長野県のために働きたいという思いが強くなり、一番貢献できる仕事は何かと考えたら、お金を企業などへ供給する銀行だと思ったんです。長野県の大手地方銀行に入行したのですが、配属されたのは埼玉県の熊谷支店でした。

銀行では主にどのような仕事をされていたのですか。

※ 1927年に発足したMillion Dollar Round Table（MDRT）は、卓越した生命保険・金融プロフェッショナルの組織です。世界中の生命保険および金融サービスの専門家が所属するグローバルな独立した組織として、500社、70カ国で会員が活躍しています。MDRT会員は、卓越した専門知識、厳格な倫理的行動、優れた顧客サービスを提供しています。また、生命保険および金融サービス事業における最高水準として世界中で認知されています。

甲田　入行後、早い時期に融資の係になり、企業にお金を貸す仕事をしていました。企業の役に立つ仕事ではありますが、同時にジレンマも感じていました。本当に意味のある仕事なのかという……。そんな時、二四歳で地元長野県の信州中野支店へ転勤することになり、市役所担当を任されました。市の役員の方に住宅ローンを借りていただいたり、預金商品や投資商品を勧めていました。市役所の中にありましたので、市長さんや助役さんと対等に話ができたり、一緒に旅行へ行くこともありました。

二四歳という若さでそのポストへ就くことは抜擢ですよね。

甲田　そうかもしれません。市の役員の方々と話をする日々でした。その後、外回りになって仕事をしていくうちに疑問を感じ、他の証券会社や保険会社の商品の研究を始めたんです。お客様にとって本当に有益な情報を差し上げようとするなら、自社だけの狭い知識ではだめだと思ったからです。本当にお客様の力になりたいのであれば当たり前のことですよね。そうした意味で私はちょっと変わり者だったと思います。

お客様のニードにお応えする商品を提案したかったんですね。

甲田　そうですね。至極当然のことだと私は思います。当時は町のお医者さんなどへ集金にも行っていたので、お金を数えながらも社長さんと話せる時間を大切にしていました。ところが社内では、お客様に入金に来てもらいなさいという風潮になっていったんです。自分が大切にしていたコミュニケーションの場がなくなってしまうのが嫌で、会社には上手く報告しながら集金を続けていました。そうして社長さんと話をする機会を多く持ったことで、成績が上がっていったんだと思います。銀行の方針はさておき、自分の考えに沿って行動をしていましたね。そんな時にプルデンシャル生命保険から声が掛ったんです。

ヘッドハンティング

ある日突然、プルデンシャル生命保険さんから電話が掛かってきたのですか。

甲田 はい。直接支店に「ヘッドハンティングのお話です」と、電話が掛かってきたので驚きました。何度も電話がくるので、これは会うまで終わらないと思い、逆に銀行の商品を売ってやろうと会うことにしました。お会いした方はとても紳士的で人柄も良く、プルデンシャル生命保険の理念を語ってくれました。その話を聞いて、車や家を買うときはじっくりと時間をかけて検討しながら細かいところまで自分で決めるのに、保険に加入した時にはほとんどそういうことを考えていなかったことに気付かされました。そして「我々はそれを改革したい。お客様が心から入りたいと思う保険を作りたい。プルデンシャル生命保険が頑張ることで、業界全体が同じ方向へ動くようにしたい」とおっしゃいました。その素晴らしい理念に惹かれる一方で、外資系の同業他社と比べたいとも思い、他社へ話を聞きに行きました。すると、他社では一番最初に「年収はこれぐらいです。儲かりますよ」と話を切り出すんですね。でもプルデンシャル生命保険の方は、まず理念を語ってくれたんです。業界全体を変える仲間になりませんかと。収入の話は最後におまけ程度だったんです。最終的にはそれが決め手でした。

素晴らしい。そのプルデンシャル生命保険さんの魅力を教えていただけますか。

甲田　私がやりたいと思っていたことで、他にないものがプルデンシャル生命保険にはあります。プルデンシャル生命保険には、VISION（目標）として「我々は、日本の生命保険事業の在り方に変革をもたらし、日本の生命保険市場において顧客から最も信頼される会社となります」、MISSION（存在意義）として「我々は、顧客の一人一人が経済的な保障と心の平和を得ることができるように、最高のサービスを提供することを使命とします」、STRATEGY（方法論）として「我々は、生命保険の真のプロフェッショナルであるライフプランナーを育成し、一人一人の顧客に対してニードセールスを行い、保険金をお届けするまで一生涯に亘りパーソナルなサービスを提供します」という理念があります。実際にお客様と接している現場の意見から生まれた商品がたくさんあり、真剣に社会に貢献していこうという姿勢に惹かれました。

ターニングポイント

入社されてからの業務は甲田さんの思い描いていたものでしたか。

甲田 最初は違いましたね。入社して一、二年は会社が言うように営業していましたが、お客様が初めから聞く耳を持っていないので、思うように話が進まないことが多々ありました。強引には話を聞いてくれと言えずに苦戦しましたが、ある日、最初から保険の話を聞いてくださいと言うのは何か違うなと思ったんです。そのタイミングで、会社の大先輩から「元銀行員なんだよね？ だったら銀行員ならではの情報を社長に持っていくといいよ」とアドバイスをいただきました。私は銀行という立場を捨てて、プルデンシャル生命保険のライフプランナーとしてスタートしたと思っていたので、ずっと銀行員を封印していたのですが、その大先輩のアドバイスで元銀行員として役に立つ話をしようと決めました。それからお客様である社長が本当に喜んでくれる話とは何かを勉強しましたし、それが楽しかったですね。入社三年目からは、融資を受ける際に役立つ決算書の情報提供など、いろいろなネタを持って会いに行くようになり、保険の話は全くしないようになりました。それからです。ガラッと業績が変わって向上していったのは。そして、ついにMDRT会員になれたのです。

MDRTで終身会員を達成

大先輩のアドバイスが転機になったんですね。MDRTについて詳しく教えていただけますか。

甲田 MDRTとは、M（ミリオン）D（ダラー）R（ラウンド）T（テーブル）と言って一九二七年に発足した、生命保険と金融サービスの専門家による国際的な独立組織で、世界七〇カ国に会員がいます。簡単に言えば、世界中の生命保険・金融サービス専門職のトップクラスのメンバーで毎年構成される組織です。ＭＤＲＴ会員は優れた顧客サービスを提供するだけでなく、ビジネスと地域社会のリーダーとしても貢献しており、お客様のことを考え、その地域のためになりたいという人が集まっている会です。私は二〇〇五年に初めて会員となり、一〇年連続の会員に与えられる終身会員となっています。

すごいですね。一〇年もＭＤＲＴ会員でい続けられた理由は何でしょうか。

甲田　先ほどもお話しましたが、お客様のためになりたいという気持ちだけだと思います。この信念は、銀行員時代から一貫してブレていません。お客様の困りごとの相談に乗ることを続けていたら、いつしか全国各地の中小企業の社長さんなどを相手に勉強会を開くようになりました。この会を私は「月いち会」と呼んでいて、会の皆さんとは一緒に海外旅行へも行くほどになり、その旅行に同行された友人の社長さんとも知り合うようになって、自然と出会いが広がっています。また、二〇一五年からは自分がその年に何をしていたか、皆様にもご報告するために「あ〜だコーダ通信」というものを作成し、毎年のカレンダーと一緒にお送りしています。さらに、一年に一度は直接声を聞くためお電話をさせていただいています。千人ほどになりますかね。保険業界では、顧客を獲得するまでは一生懸命で、その後は特に何もしないとよく言われがちですが、「自分はお客様を放ったらかしにしていないだろうか、お客様のために何かしたい」と思って始めました。それでお客様の契約月には「お変わりないですか？」と、近況を聞いたりしています。疎遠になりかけていたお客様とも再び強く繋がることができ、特にコロナ禍では「気にかけてくれているんだ」と喜んでいただきました。それが自分自身の支えにもなっています。そうして地域の社長さんの困りごとの相談から始まり、他の地域で得たノウハウで解決に導いたりしながら人との繋がりが広がっていき、その繋がり一つずつを大切にしてきたことが、MDRT会員でい続けられる理由にも繋がっていると思います。もちろん、お客様に保険の話はしないですよ。

地域での人と人との繋がりを大切にしてきた甲田さんは、どんな営業社員でありたいとお考えですか。

甲田 今一番多い相談は、困っていることを解決する知恵が欲しいという内容です。自分が解決できそうなことはもちろんのこと、知らないことは解決できる方を紹介しています。それをできるのが私の強み。これまでに日本全国の地域を飛び回ることで自発的に生まれた「月いち会」で出会った方々との繋がりが私にはありますので、必ずや社長さんの困りごとを解決できると思っています。私に相談していただければ、保険に限らずあらゆる面で解決できるという担当者でありたいですね。それは、企業の社長さんに限らず、独立を考えている方や、起業を目指している女性など、日本の地域で前を向いて頑張っている人すべてです。今後も、地域を飛び回ることで生まれた人との繋がりを大切にし、さらに他の地域の人へと繋ぐことで、地域で頑張っている人の力になりたいですね。

どんな要望にも、
「うちならできる！」
と言い切れる。

写真台紙のスペシャリスト

有限会社 舘　専務取締役

舘　良太

有限会社 舘 TACHI COMPANY

有限会社　舘

〒470-0162 愛知県愛知郡東郷町春木千子 545-15
TEL：0561-38-2645　FAX：0561-38-2642
https://album.tachi.co.jp

――結婚式の集合写真などを装丁した写真台紙は、以前はどの家庭にも何冊かはあったものだ。それがデジタルカメラの普及により、写真の扱いは一変した。そんな業界のデジタルショックを乗り越え、今の時代に求められる写真台紙を作り出そうと奔走する舘良太に迫る。

まずは会社の創業から教えていただけますか。

舘良太（以下舘）　一九二二年（大正一一年）に曽祖父が創業し、一〇〇年を迎えます。台紙屋としては国内で三番目に古い老舗になります。当時は街の写真館に納品していましたが、まだ写真を撮るのは裕福な家庭に限られていましたから、写真は特別なものだったと思います。その後、高度経済成長期に始まった冠婚葬祭の互助会制度が全国的なブームとなった昭和五〇年代には、結婚式・出産ラッシュで写真台紙の需要も増え続け、景気が良かったと聞いています。特に東海エリアは尾張地方を筆頭に、豪華な結婚式が昔からの風習として根付いていましたから、互助会の規模・挙式数・費用単価は、すべて日本一を誇っていました。もともと台紙に産地はなく、需要の多い都市圏で発展してきた業界ですが、愛知県は東京と並び、大阪よりも台紙屋が多い激戦区だったんです。

今では互助会を知らない世代になり、台紙業界も大きく変わったのではないでしょうか。

舘　はい。その影響は大きいですが、何よりも大きな転換期はデジタルカメラの登場によるものです。自分たちで写真を撮るようになり、写真館へ行くことがほとんどなくなりました。写真データをプリントするにも、自宅や安価な専門店で行うようになったからです。写真館は価格が高いと思われ、その価値としての品質をなかなか認識してもらえません。そうして写真というものが劇的に変わったことで、台紙業界は縮小の一途をたどっています。写真台紙組合には、かつて全国で七〇社ほどの登録がありましたが、現在は一〇社以下になっているそうです。

舘さんが会社を継がれたのは、いつ頃のことでしょう。

舘　会社を継いだのは二〇〇八年で、私が三〇歳の時です。中国やベトナムへと、台紙生産の海外シフトが加速しはじめた頃で、まだ結婚式の需要はあるものの、式当たりの受注数は大幅に減っていました。かつては参列者用に四〇から五〇名分の受注があったものですが、次第に親族やご両親のみとなり、現在では自分たち用に一セットだけ注文するというのが主流になりつつあります。

　また、卒業証書の保管が筒から台紙に移行しはじめたことから、弊社では二〇〇〇年頃から卒業証書ホルダーの生産をスタートしていました。全国で毎年一〇万冊以上を出荷していましたが、仕事が大きい割には利益が出ておらず、このままでは会社が潰れてしまうかもしれないと思いました。そこで、新しい売り先を開拓すべきだと思い、製作は職人気質の父に任せることにして、私は営業として製品の売り込みに出ることにしました。一〇人規模の小さな会社だからといって諦めることなく、大手企業に対しても粘り強く営業を続けた結果、二〇一二年には業界最大手企業の正式サプライヤーになることができたんです。六社ほどの台紙業者が契約を結ぶ中、弊社ほどの中小企業は他になく、ここ何十年も新規取引がなかったと言いますから、これは自分にとって大きな自信になりました。

業界最大手企業と直接取引ができるとは驚きです。どのような経緯があったのでしょう。

舘　自分の人脈を駆使して、工場マネージャーの方を紹介してもらうことから始まりました。お会

いした時に「どういった商品なら可能性がありますか？」と尋ねたところ、その年のカタログに掲載されるはずの商品がうまくいっていないと聞いて、「それなら弊社でやれます！」と答えて持ち帰りました。その商品は最もオーソドックスな革張りの写真台紙で、カタログの中でも最初に掲載されるような大事な商品でした。革張りの台紙は、革を貼ると角の革が重なる部分に厚みが出てしまい、野暮ったくなってしまいます。それを弊社では、職人が革の裏を削いで薄くし、さらに中面に貼るボール紙にも段差をつけることで、縁が浮かないすっきりとした商品を作り上げました。職人芸を要する美しい仕上がりが評価され、カタログ商品として採用されました。この商品がその年によく売れたこともあって、我々の技術力を認めてもらい、正式サプライヤーの仲間入りを果たすことができました。

業界最大手企業に認めてもらえたことは、会社の

大きな信用につながりますね。

舘 はい。弊社の品質が保証されたようなもので、他社からも安心してご依頼いただけるようになりました。もちろん、カタログには毎年のように新作を掲載していただきましたが、一方で在庫のリスクも抱えるようになりました。そうした中で、自社の方向性を改めて考える必要があると感じ、それなら自分たちの力をもっと試してみたいと思うようになりました。私たちの強みは、職人の技術力と新商品の提案力、それに加えて写真の表現力を高める富士フィルム製プロフェッショナルペーパーの印画紙を使っているということ。これは写真業界では世界最高峰と言われている紙で、「この紙を使っているなら」と信頼いただくことも多く、その度にこの紙の凄さを再認識しています。この紙と、自社の職人芸と提案力があれば、オリジナル商品で勝負できるのではないかと思いました。

OEMメーカーから、自社製品を直販できるメーカーになろうというわけですね。

舘 はい。メーカーとしてまた新しい売り先を開拓するため、再び自分のかすかなつながりをたどるようにして、大手チェーンに直接自分で売り込みに行きました。大手チェーンというのは外資系ホテルや、全国展開している結婚式場・写真館・貸衣装店・呉服屋などです。こうした会社では、社内デザイナーが商品の詳細をチェックしていることが多く、その要望はかなり高度なものですが、どんな要望にも「やれない」と言わず、「うちならやれます」

と言って帰って来ます。感度の高い要望にひたすら対応し、デザイン性の高いこともできるようになりました。弊社では、そうしたオリジナル商品を比較的安価で提供できることも大きな強みです。それは、製作コストを下げるために機械化を併用しているからです。ちょうど二〇年ほど前に卒業証書ホルダーを作り始めた頃、父がドイツ製のコルブスという全自動の表紙貼機を導入しました。これは凸版印刷などの大手にしかなく、国内の中小には数十台ほどしかありませんが、この機械があるから人手をおさえて少人数で対応できるわけです。機械で済むことは任せて、職人は肝心な最後の仕上げをしています。

この希少な機械が得意とする台紙ホルダーが、最近また世の中で必要とされるようになったそうですね。

舘　はい。この機械を導入して以来、卒業証書ホ

ルダーは現在も作っていますが、筒から台紙への移行が進む中、筒屋さんの販売ルートで台紙を売ってもらうことで、筒屋も弊社もwin-winの関係を築いています。また業界最大手の卒業アルバムメーカーでも販売をしていただいています。最近では卒業証書だけでなく、企業の褒賞や様々な資格の認定書ホルダーとしても重宝されています。そうした流れから、アマゾンに声を掛けていただきベンダー契約することになりました。これは出店ではなく、アマゾンビジネスでB to Bに向けたアマゾンの商品として販売されます。また楽天でも声を掛けていただき、B to C商品として、データから個人向けの高品質なアルバムが作れる店として出店します。どちらも自社の完全オリジナル商品として展開できるようになり、メーカーとしての道がさらに開けたような気がします。今後もプロフェッショナル向けの高品質な台紙を開発し、さらに一〇〇年続くビジネスにしていきたいと思っています。

供養のあり方から変えていくことで、
地域とお寺の
新たなつながりを育みたい。

地域とお寺の架け橋役

株式会社 佛英堂　専務取締役

野呂　英旦

仏壇・仏具専門店
ぶつえいどう

株式会社　佛英堂

〒 515-0083　三重県松阪市中町 1993
TEL：0598-21-0959　FAX：0599-93-0859
https://butsueido.com　https://e-butsudanya.co.jp

――お寺の檀家にはなりたくないけれど、供養はきちんとしてあげたい。そんな気持ちに寄り添い、故人を偲ぶ新しいタイプのお墓「SIBO（偲墓）」。日々のお世話から法要、永代供養までが月額制となったサブスクリプションだ。これからの供養のあり方をカタチにした野呂英旦が思い描く、地域とつながるお寺の未来に迫る。

まずは会社の歴史から教えていただけますか？

野呂英旦（以下野呂）　松阪市で一九〇六年（明治三九年）に創業し、一一五年を迎えます。もともとは新規開店などで贈る花環用の造花から始まりましたが、葬儀用の花輪も扱っていたと思います。その後、これから需要が増えていくだろう仏壇・仏具の販売が始まりました。私は五代目として継ぐことになります。小さい頃に祖父母からいろんな話を聞く中で、「これまでも感謝。これからも感謝。」という教えがあります。我が家の家訓のようなものですが、今もその教えが根底にあります。家業に入って、人は感謝に結びついているということをどう感じて実践してもらうかを考えた時、仏壇に手を合わせるのが一番分かりやすいように思いました。誰かのために祈るということ。時代の流れで仏壇のあり方やその形は変わっても、祈りという根幹の部分は変わらない。その時々で祈りやすい形を提供していきたいと思っています。

小さい頃から家業を継ごうと思っていたのですか？

野呂　そうですね。何の抵抗もなく家業は継ぐものだと思っていて、一〇代の頃から自分なりの道筋を立てていました。ただ、一般的には仏壇・仏具に関わる分野に進むのでしょうが、私は仏壇・仏具そのものを学ぶよりも、インターネットを学ぶことで何か業界に貢献できるんじゃないかと思っていました。もともとゲームやパソコンが好きで、中学生の時からアマゾンやヤフオクで買い物をしていたこともあり、ネットショップはとても身近な存在でした。自分が住んでいる地域では売っていないものが買えるのに、なぜみんなネットで買わないんだろうと思っていました。「他にないなら、これでいいか」と妥協することもなく、自分が思う欲しいものを探せるのがネットです。ネットで買う時代が絶対に来るだろうと思い、当時はまだ珍しかったｗｅｂ制作会社

に就職して四年間働きました。

ネット関連の仕事に就けば、家業に活かして何かしら道が開けると思ったのですね。入社されたのはいつですか？

野呂　結婚して家族ができたことをきっかけに、予定よりも早く二〇一二年に二五歳で入社しました。松阪市は三井家の創業の地であり、商人の町です。そのせいか、商工会議所のビジネス支援はとても充実しており、それを利用して両親がすでにネットショップを始めていました。とはいえ、とりあえずホームページを作ったという感じで、売上はまだそんなにありませんでした。まずはそこできちんと売上を作ろうと思い、弊社が得意とする位牌をどう売ったらさらに売れるかを考えました。そして、価格で勝負するのではなく、スピードにこだわることにしたんです。位牌は前もって用意するものではありません。急なことだから早く確実に納品できる店を目指し、最短三日で届くことをお客様に約束しました。メーカーに依頼すれば一〇日以上かかってしまうため、位牌に名入れできる機材を購入してその仕組みを整えました。さらに楽天へ出店したことをきっかけに、三年目には結果が出始めました。

「仏壇・仏具とは何ぞや」といった一般的な修行はされていないのですね。

野呂　はい。商品知識についてはネットショップでの商品説明を書くことで知識を身につけ、学んでいきました。いわゆる業界の常識というのを知らないことが、かえって良かったのかもしれません。位牌をネットで売ろうなんて意識は普通ありませんが、仏壇店は呉服店と同様に敷居が高く、入りづらいという印象があります。ネットで調べる人がいるだろうと、お客様が何を求めているかを推測しながらネットショップを作り上げました。同じように、「お線香はどこで買ったらいいんだろう」とネットで調べる人もいるはず。特にコロナ禍ではお参りに行けないのでお線香を贈ろうと、ギフト用のお線香を求める方が増えています。そうした人がアクセスしてくれた時に、送り方などの説明があったり、のしのバリエーションが豊富だったり、包装紙が慶事と弔事できちんと分けられていたら、「このお店は良さそうだ」と思ってもらえます。当店では、手渡しする方のために紙袋を無料で同封しています。そうして価格に見合った価値をつけることで、お盆などの繁忙期には一日三〇〇個の注文をいただくようになりました。位牌がキラーコンテンツとなって、ギフト用お線香の売れ行きも好調です。お店の立地は関係なくなり、全国のお客様に向けて商品を発信できるようになったのが嬉しいですね。

一方で、仏壇はやはり実店舗で買うもの。仏壇業界としてはどうでしょう？

野呂　仏教との距離感が遠くなってしまった現在、仏壇業界はやはり元気がありません。特に檀家制度を敬遠される方が多く、お寺離れと共にお墓離れも年々進んでいるのが現状です。けれど我々は仏教を説く立場にはないので、まずはお寺さんに元気になってもらいたいという想いで二〇一八年に始めたのが「かすてら」というサービスです。これは、お寺のスペースを活用して新しいことにチャレンジしたいという事業者さんと、かつてのように人が集えるお寺にしたいと考えるお寺さんをつなぐマッチング支援サービスで、「貸す寺」から「かすてら」と名付けました。お寺をもっと身近に感じてもらい、地域の人たちの交流の場となっていくことが理想です。これは二〇一九年に松阪市のハンズオンに採択されましたが、コロナ禍でこの一年間はまだ思うように活動ができていません。今後は、コンサートなどのイベントや各種教室・体験会、撮影会や子ども会、研修などでもぜひ活用していただきたいですね。

地域とお寺をつなぐ素晴らしいサービスです。さらに新しい事業が立ち上がったそうですね。

野呂　はい。これは実店舗のお客様からの相談が

きっかけです。お寺の檀家になっていない方で、葬儀では葬儀社さんがお坊さんを手配してくれますが、遺骨をこの先どうしたらよいか、というご相談です。お墓を持ちたいのに、檀家にはなりたくないからお墓を持つことを躊躇しているように見えました。そこで、「檀家にならなくてもお墓を持つ方法はないだろうか。檀家になることで面倒とされる部分を排除した仕組みはできないだろうか」と考え、サブスク型の〝新しいスタイルのお墓〟という構想が浮かびました。サブスクリプションなので好きな時に解約できる仕組みです。ちょうど「かすてら」でお寺さんとのつながりができてきたところなので、このネットワークも活用できると思いました。檀家離れで困っているお寺さんとも上手くつなぐことができたらと思っています。

新しいスタイルのお墓「SIBO（偲墓）」とは、どういったものでしょう?

野呂　これは墓石の中に遺骨を納め、それを登録いただいているお寺に置いてもらうのですが、檀家にならなくても月額制でお寺の供養が受けられるというものです。最初に墓石代として二五万円いただきますが、あとは月々三千円。そこには、清掃・線香・仏花の費用はもちろんのこと、百か日から十三回忌までの法要代、その先の永代供養料まですべて含まれて

偲墓～SIBO～

故人を偲ぶ途切れない供養のカタチ

おり、お布施も不要です。お寺や宗派の枠に捉われず、遠方でも無理なく供養し続けられる。そんな、これからの供養のあり方をカタチにしたお墓です。墓じまいの受け皿としても機能することで、無縁墓も防止できるはず。現代の価値観に合わせた供養で、これまでのお墓の悩みをまとめて解決できればと思っています。全国には昔から地域と密着してきた七万七千もの寺院がありますが、これを上手く活用できれば、これからの時代に必要とされるコミュニティーができるんじゃないか。この「ＳＩＢＯ（偲墓）」と「かすてら」で、地域とお寺との距離を少しでも縮められるようにしていきたいですね。

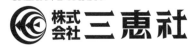

――少部数印刷から少部数出版へと発展を遂げ、その強みを活かしながら事業を広げている株式会社三恵社。小さな会社でも知恵一本で工夫することにロマンがある。そんな「創造する精神」を理念とし、少部数ならではのビジネスモデルで実現した教育支援・企業支援に迫る。

まずは会社の歴史から教えていただけますか？

木全俊輔（以下木全）　創業は一九六九年で、祖父が勤めていた広告マッチ販売会社の倒産により、独立創業したのが始まりです。最初は主に飲食店のメニューブックなどを制作していました。喫茶店文化のある名古屋では、他の都市と比べて小規模のお店も多くありました。こうした喫茶店やレストランなどから、隣のお店とは違うオリジナルのメニューブックが欲しいという声を多くいただいていたそうです。制作にあたってはオーナーや店長に話を聞くのが普通ですが、祖父はキッチンに入り、実際に料理をしている人たちからも話を聞いて、料理へのこだわりもメニューブックに盛り込んでいたといいます。言われたものをただ作るのではなく、提案型の制作を得意としていました。オリジナル性のある内容で、製作部数は少なくていいという飲食店に特化していたことから、必然的に弊社では少数多品種を強みとして掲げるようになりました。

提案型の制作は、企業理念である「創造する精神」に通じるものがありますね。その精神が受け継がれ、今も色濃く残っています。

木全　二代目の社長である父が掲げたこの企業理念は、私もとても気に入っています。何かしらを創り出すには創意工夫が不可欠で、知恵を出しながらやってみることです。それが上手くいった時の気持ちよさに、私が初めてハマったのは小学生の時です。父親に連れられて行った中小企業のソフトボール大会で、たまたま出場させてもらったのはいいけれど、当然ながら全然打てないので面白くない。そこでセイフティーバントならと試してみたところ、出塁することができたんです。自分なりに考えて工夫して、それが上手くいく。これって気持ちいいなと思って。

それは企業理念である「創造する精神」に通じるもので、小さな会社でも知恵一本で工夫することにロマンがある。そうやって、お客様に貢献してきました。現在は商品パッケージやホームページなどのデザイン、ブランディングを意識したＣＩ制作や発信ツール、マニュアルや企業案内などの印刷をご提案しています。そして社内に制作チームを持つ印刷会社などほとんどない時期から、企画・デザインを提案するalcreationという独立した部署があることも、創造するクリエイティブの風土があったということですね。「市場も、デザインも、自ら創っていく」。そんな気概を感じますし、それを守っていきたいと思っています。

デザインから提案し、少部数印刷という市場を開拓してきた三恵社ですが、特に教育の分野

で勢いを感じます。きっかけは何だったのでしょう。

木全　父が三〇年ほど前に、大学の講義で使うテキストの制作を始めました。それは、以前から交友のあった現・立教大学　山口義行名誉教授から、講義用のレジュメを学生の数だけ冊子にしてまとめて販売したら、というアドバイスがきっかけだったそうです。ちょうどパソコンが普及して、飲食店では自分たちでメニューを作るという動きになりつつあったので、何か新しいことをと考えていた時でした。そこで、大学の少部数テキスト出版にチャレンジしてみることにしました。それが今では東大や慶應大をはじめとする三百大学で約七百名の大学教授とお取引をした実績につながり、現在の売上の半分を占めるビジネスとなっています。当初は大学の生協でしか販売していなかったのですが、今後のことも考えて全国の書店でも取り扱いができるようにＩＳＢＮコードを取得しました。

このＩＳＢＮコードを足がかりに、出版ビジネスへと展開されたのですね。

木全　私は大学卒業後に大手印刷機メーカーで勤務し、二〇一〇年に三恵社に入社しましたが、その頃はまだ大学の講義テキストの出版がメインでした。そのうちに、各大学の教授から研究成果をまとめた書籍を出したいという話が出てきました。専門書なので全国の書店に並ばなくてもアマゾンで買うことができればいいということだったので、早速販路を作りました。意外だったのは、三恵社がアマゾンと日本で初めて取引をした少部数出版を手掛ける会社になったことです。それくらい珍しいビジネスモデルだったのだと思いました。現在は全国二千軒の大型書店リストを活用し、全国の書店でも販売できる体制になっています。

少部数出版は今の多様な時代にもマッチしているように思います。どういった方が出版されているのでしょう。また自費出版との違いは何でしょう。

木全　はじめは経営コンサルタントのような士業のノウハウ本、企業や個人の経歴をまとめた記念誌などの依頼がありました。大学テキストの出版社として認知度が高まってからは、専門的な内容や、ニッチな需要のあるものの通常の出版社では販売数が制作コストに合わずに断念した方などからお問い合わせをいただいています。

通常、「自費出版」は印刷・製本費を含む制作費全てを著者が負担し、書店流通しないこともあります。弊社の「少部数出版」では、制作した本の一部

を著者にお買取りいただくほかは費用負担なく、書籍を流通・販売し、在庫がなくなった際は「商業出版」と同様に弊社負担で増刷を行います。

この方式で人気ブロガーさんのブログをまとめた本は、増刷を重ねて六千冊売れています。さらに制作チームによる企画から編集、執筆のお手伝い、そして出版後の支援まで対応できるほか、完全原稿をいただくことで制作費を下げるなど、著者のご要望に合わせた出版が実現できることが強みです。

なるほど。そんな少部数出版は絵本の分野にまで広がりましたね。

木全　社員から絵本をやりたいという声が上がって、提出された企画内容が面白かったんですね。それは企業や団体が制作した絵本を、親子が集まる場所、例えば小児クリニックや図書館などに寄贈するというものでした。さらに絵本の最後では施設案内や工場見学などのキャンペーンへと誘導し、制作側の活動をより深く知ってもらおうというのです。つまり、絵本を企業のＰＲに使ってもらおうと。会社案内や商品パンフレットを図書館やクリニックに置いてもらうには交渉が必要ですが、ストーリーに違和感なく企業や商品のＰＲが入った絵本を出版社から寄贈することで受け取ってもらえるようになります。これがこの事業の肝になっています。広告やチラシではなく、絵本を出版して、それを売るだけではなく寄贈をする。面白いビジネスモデルだと思います。これを、小規模事業者活性化補助金を使った新事業として立ち上げることにしました。

最初に手掛けたのは八丁味噌です。株式会社まるや八丁味噌様にご提案したところ大変気に入っていただき、八丁味噌の歴史や魅力を子どもたちやその親世代にも伝えられる絵本になりました。まるや八丁味噌様は海外展開もされていますので、海外の人にも分かりやすく伝えられるだろうと英語版も出版しました。海外戦略の一役を担っているようで嬉しいですね。

こうした地元の会社や商品、その地域の魅力を伝えていくには、とても良いツールだと思います。主にメーカーや動物園・水族館などの子どもに向けてPRしたい企業や団体にご利用いただいています。

企業向けから一般の絵本へと広がっている絵本事業について、今後の展望を含めてお聞かせください。

木全　一般的な絵本の出版も手掛けていますが、今後はさらにこの分野に力を入れていきたいと思っています。少部数で出せることから、現在は絵本作家さんや絵本の企画会社などからもご依頼いただき、大変喜ばれています。というのも、本を出版する時には「売れるだろう本でないと出版できない」というジレンマがあるからです。世に出して伝えたいことと、売れる内容であることが常に天秤にかけられ、売れるかどうかの話ばかりで嫌になるという声も聞きます。

少部数のハードカバー絵本を企画から制作、販売まで一貫体制で提供できるのは弊社のみと自負しております。

弊社では二〇一五年にものづくり補助金でご支援いただき、大量生産向けの大型機械と職人による手作業製本の中間にあたる少部数の絵本出版に適したハードカバー製本機を導入しました。その結果、制作側も販売側もみんなが低リスクで出版できる、受注生産型出版が実現できました。データさえ作ってあれば、注文があってから刷ればいいという発想です。売れ行きを見ながら少しずつ増刷して、一八刷で一万部を売り上げた絵本もあります。ここ最近は大人絵本も含めた絵本ブームにより、少部数出版できる弊社には全国からの問い合わせが増えています。今後は、そうした「絵本を作りたい」という夢を持っている人を育てていくことにも尽力したい。そのお手伝いとして絵本作家を育てる絵本教室を手掛けてみたいと考えています。教育支援企業として、地元の作家をたくさん輩出し、絵本の市場をもっともっと活性化させていきたいですね。

――地元名古屋だけでなく、全国でも名の知られた酒店がある。「好きな酒だけを売る」という頑なさ。そこには、酒だけでなくそれを造る蔵人に惚れ込みそれを真摯に伝えたいという想いがある。好きだからこその説得力で全国から信頼を寄せられる大竹の素顔とは。

お店の成り立ちから教えていただけますか？

大竹寛（以下大竹）　創業は一九三八年ですが、戦後に今のお店の場所へ移転しました。お店を継いだのが二五歳の時です。最初は店を二軒に増やして色々やってみましたが、金儲けばかりでは楽しくないなと思うようになりました。そこでもう一度本店だけにして、自分が楽しいと思える商売にしようと思ったのが三〇年ほど前です。

自分が楽しい商売は理想ですが、踏み出すには勇気がいるかと思います。

大竹　好きなお酒や興味のあるお酒を扱うようにすれば楽しくなる気がしました。その頃はまだ焼酎が一般的なお酒として流通する前でしたが、ある時九州の焼酎を飲む機会があり、焼酎というものを初めて知りました。

もともと蒸留酒が好きでウィスキーをよく飲んでいたので、日本にもこんな蒸留酒があるんだと興味を持ちました。それで、どんな所でどんな風に造られているのか現場を見てみたくなって、鹿児島に行ってみることにしたんです。

まずは居酒屋さんで気になる焼酎を飲んでみて、美味しいものがあればラベルを見て、その酒蔵に連絡をして出向いていきました。それを繰り返すうちに蔵人仲間を紹介してもらえるようになり、いろんな方とつながることができました。これまで知らなかった焼酎の世界がどんどん広がって、

楽しかったです。年に何度も酒蔵に足を運びました。

こんなに小さな酒蔵で、こんなに美味しいお酒を造っているのかと知ると、それを名古屋で紹介したくなるんです。自分が美味しいと思った焼酎が、少しずつでも広く味わってもらえるようになるのはやはり嬉しいです。

焼酎ブームに先駆けて蔵元から直接仕入れていましたので、全国的に飲まれるようになった頃にはかなりの品揃えになっていました。店頭には名古屋初上陸の焼酎ばかりが並んでいたと思います。もちろん、名古屋では当店しか取り扱いをしていない焼酎も少なくありません。

興味を持ってすぐに現地に出向いた、その行動力が楽しさを引き寄せたのですね。店で扱う商品の決め手は何でしょう?

大竹　まずは美味しいこと。あとはそれを造っている酒蔵の人が好きかどうか。焼酎ブームが来た時も、単に売れているからというだけで、その商品を扱うことはなかったです。まずは味、そして人。この二つが揃っていなければ商売しようとは思わないです。楽しくないですから。

酒蔵の方たちとお会いする時には一緒に飲んで語り合います。そこでまた出会いがあって、輪が広がっていくのは本当に楽しいです。

自分が楽しい商売とは、ウソのない正直な商売。だからこそ、大竹さんを信頼する方たちが集まってくるのですね。

大竹　店にはいろんな人がやって来ます。家で飲むお酒を探しに、遠方から新幹線で来る人もいれば、焼酎をメインにした居酒

100%
製造者
果実酒

春雨
はるさめ
琉球

屋をやりたいと相談に来る人や、店で扱ってほしいと商品を持って来る蔵元もいます。そうやって自分を信頼してくれる方たちのために、どんな質問にも答えられる商品の知識はもちろんのこと、そこに自分なりの主観も添えて紹介していきたいです。

売れているからとか、流行っているからではなく、自分が美味しいと思って選び、それを造る蔵人に惚れ込んで好きになった酒だからこそ、酒造りの姿勢からきちんと自分の言葉で伝えたいと思うし、素直に伝えられるのだと思います。好きなことを商売にしている以上、嘘偽りのない「好き」を発信し続けることだと思っています。

自分が美味しいと認めたお酒だから、責任をもってお客様に伝えるんだという気概を感じます。最後に、今の大竹さんが好きなお酒は何ですか？

大竹　美味しい感覚は人それぞれですが、今好きなのは沖縄の「泡盛」ですね。これが名古屋で売れているかと聞かれたら、決して売れてはいないです（笑）。でも自分が好きだからやっている。最初に焼酎を始めた時と同じです。沖縄で地元の人たちに愛されてきた美味しい泡盛を伝えていきたいです。

とはいえ、普段なかなか店頭まで足を運べないお客様からの要望もあり、ネットショップを整備しました。より多くの方たちが焼酎や泡盛の美味しさを通して、蔵人のこだわりや、その地域に根づいたお酒の文化を知るきっかけにもしていきたい。ネットショップでもっと広くつながっていくことを楽しみにしています。

特別対談

今出川 行戒 × 安藤 竜二

ブランド道

安藤竜二（以下安藤）　比叡山延暦寺は他のお寺と違って、延暦寺という建物があるわけではなく、この山一帯が境内になるのですよね。

今出川行戒（以下今出川）　そうですね。約千二百年前の平安時代に最澄さまが開いたのが始まりで、天台宗三千ヶ寺を取りまとめる総本山になります。安藤さんがおっしゃるように、山の麓まで境内地が広がり、百余りのお堂が点在しています。比叡山延暦寺とは、これら全体の総称なんですね。

安藤　延暦寺に来ると僕はまず根本中堂にお参りをさせていただきます。現在は千二百年目の記念事業として行われている、六十数年ぶりの大改修の最中でした。

今出川　今年は伝教大師最澄さまがお亡くなりになられて千二百年の大遠忌ご祥当の年となります。根本中堂の大改修は二〇一六年より十年間にも及ぶ大遠忌の中心的な事業です。延暦寺は東塔・西塔・横川の三つのエリアに分かれていて、それぞれに中心となるお堂があり、これを中堂と呼んでいます。ここ東塔の根本中堂はその中心のお堂で、延暦寺の総本堂となります。本尊である薬師如来の像は、最澄さま自らが彫り上げたもので、その前には三つの灯明が消すことなく灯され、守り続けています。

安藤　「不滅の法灯」と呼ばれるものですね。千二百年以上も灯し続けられている、延暦寺の伝統

祖師先徳鑽仰大法会のロゴマーク

を象徴するもので、広く知られています。

今出川　はい。最澄さまが十九歳の若さで入山した時の想いや夢をもって灯した灯火です。それをひとときも途切れることなく守り、その教えを脈々と受け継いできました。最澄さまは比叡山の門前町である坂本の地にお生まれになりました。当時、お坊さんの重要な儀式を受けられたのは、全国三か所のうち関西では当時、都であった奈良でした。儀式を受けた最澄さまは、自分が生まれ親しんできた山であり、昔から霊山として地域の人々に崇められていた比叡山に修行に入りました。十九歳のときです。そこで修行をする間に時代は一変し、桓武天皇が都を奈良から京都へと移すことにしました。そして、京の都から鬼門にあたる方位にあったのが比叡山だったことから、桓武天皇から勅命を頂戴し、鬼門封じの役割を持つようになりました。それから多くの僧侶が比叡山で修行をされました。

安藤　**平安末期から鎌倉初期にかけて、法然・栄西・親鸞・道元・日蓮といった今ある仏教開祖のほとんどが、ここ比叡山で学ばれたのですよね。日本仏教のすべてがあると言っても過言ではありません。**

今出川　最澄さまは、「人を育てたい。比叡山を人づくりの山にしたい。」という想いを強く抱いていました。そこで、これまで限られた場所でしかできなかったお坊さんの儀式を、比叡山でも独自に開催することを認めてほしいという文書を天皇に上奏されました。最澄さまの直筆で国宝になっています「天台法華宗年分縁起」には、一隅を照らす人こそ国宝であると記されています。最澄さまの晩年、この儀式を比叡山での独自開催が認められたことで、全国から僧侶を志す優秀な人材が集まるようになり、比叡山が仏教の中心になっていきました。人づくりの山を目指す中、最澄さまのご意思を継いだ人たちが、密教・禅・戒律・念仏・法華経のすべてを学び、その後の宗派となっていったのです。

安藤　**比叡山の各所で目にする「一隅を照らす」という言葉は、ここからきているのですね。僕もこの言葉にはとても感銘を受けました。その話はまた後で詳しく聞かせていただきますが、そうした高名な僧侶を輩出し、日本仏教の母山と仰がれる比叡山で、五十年に一度の尊き勝縁とされる「大法会」のロゴマークをDDRでデザインさせていただきました。これをきっかけに、今出川先生との距離がぐっと縮まったように思います。**

今出川　二〇一二年からの十年間を天台宗祖師先徳鑽仰大法会の期間と定め、現在も様々な法要や記念行事が行われています。根本中堂の大改修もその一つです。この大法会の立ち上げを私が関わらせていただくことになったんですね。大法会のメインテーマからロゴマーク、テーマソングや諸々の制作物と、あらゆる準備を半年間でやらなければならないという状況で、自分とご縁のある方たちにいろいろと相談させいただきました。その一人が安藤さんでした。出会いは共通の知人からのご紹介でしたが、この大法会のロゴマークをお手伝いいただくことになって、私も打ち合わせで名古屋へ出向くようになり、その度に安藤さんのお仲間たちともお会いするようになりました。

安藤　**ご紹介いただいて何度かお会いする中で、僕が慢性白血病であることについて、その道理を**

分かりやすく話してくださいました。それが僕の心にとても響いたのを今でも覚えています。さらにこの大法会を機に、僕自身がさらに深く学ばせてもらうことができました。そして、この教えを僕の周りにいる仲間たちにも広めたいという気持ちが強くなり、機会あるごとにご紹介させていただくことが増えたように思います。その時にお話しいただくのが「不滅の法灯」で、千二百年もの間ひとときも灯火を絶やさない方法を経営者の方が聞かれると、皆さん本当に感動しています。

今出川　安藤さんから紹介していただく方が増えてきたので、一度皆さんで比叡山へお越しくださいと声をかけさせていただきました。安藤さんのお仲間がいらした時には、よくこのお話をさせていただいていますね。不滅の法灯とは、三十センチメートルの真鍮皿に菜種油を注ぎ、そこに芯を束ねて火を灯す、いわゆる行灯のようなものですが、千二百年間その灯火を守り続けてきました。その方法として一般的には考えられるのは、担当者をきちんと決めてシフトのようなものをつくり、しっかりと見守るというものではないでしょうか。けれどここには法灯の係の者はいません。油を足したり、芯を変えたりするのは気付いた者が行います。つまり、常に全員がこの灯火に気を配りながら、常に確認を続けているわけです。一リットルの油の量ですから、一日くらい放っておいても大丈夫と分かっていても、必ず確認をしているんです。

この不滅の法灯が教えていることは、一日ぐらい大丈夫という心が、「油断」につながるということ。一時の油断が油を断つことになり、灯火を絶やすことになる。それが油断の語源とも言われています。同じように伝統とは、本来「伝燈」の意味だとも言われています。伝統とは灯を伝えることで、それはとてももろいものです。あぐらをかいていたら、簡単に消えてしまうのです。次の千年に向けてつないでいくには、この千年をどう守ってきたか振り返ることも必要です。

新しい油を毎日絶やすことなく注ぎ続ける。つまり、古いだけではだめだということです。有名になってあぐらをかけばすぐにダメになって壊れる。油断につながります。常に油断をせず初心を忘れず、時代が求めることに対して新しいものを投入してこそ、伝統の核は守られるのだということです。これはお寺だけでなく、企業でも家庭でも同じことなんですね。

安藤　**係を決めたところで、その人が忘れてしまう可能性もあるわけですから、あえて係を決めないことで全員が気にかけ、みんなで守る意識を持つことが大切なんですね。常に新しい油を注いでいるということも合点がいきます。そして、最澄が力を入れていた人づくりですが、その核となる「一隅を照らす」という言葉は、比叡山の至る所に掲げられています。僕もここで知って感銘を受け、機会あるごとにこのお話をさせてもらっています。**

今出川　天台宗が公認された後、最澄さまは「国宝とは何物ぞ。宝とは道心なり。道心ある人を名づけて国宝と為す。……中略……一隅を照らす。此れ即ち国宝なりと」と書かれた。この「天台法華宗年分学生式」を天皇に上奏されました。国の宝とは、道を修めようとする心。この道心を持っている人こそ、社会にとってなくてはならない国の宝だと言っています。社会の一隅にいながら、社会を照らす生活をしている人こそが国の宝。そういう人が増えることで日本の社会は明るくなり、素晴らしい世界になっていくのだと思います。

今回の本のタイトルが「ブランド道」だとお聞きした時、すぐにこの「道心」とリンクしました。事業や商売をされている方は、単に利益を追求するだけでなく、それによって地域や国を盛り上げられる人であるべきです。一隅を照らすとは、ポストにベストを尽くすということだと思います。自分には自分の役割があって、置かれた環境や居場所、それぞれのポジションでいかに努力できるかが重要です。

「忘己利他《もうこりた》」と言って、自分よりもまずは他の人々のために働く人でなければならない。そして「能行能言」。よく行い、よく言うとは、自分の言動に責任を持つということです。「道」を作るものは、すべてここにリンクしているように思います。

安藤さんの周りには、そうした心持ちで、自分の事業に向き合っている人たちが多いですよね。元気の良い方たちです。

安藤　ありがとうございます。そうした仲間たちと、新年を迎えて比叡山延暦寺にお伺いすることが毎年の恒例行事となりました。今出川先生から特別に護摩行で祈祷していただき、お話を聞いた

後には座禅や写経、また千日回峰行で実際に行者が巡る修行の道を歩いてみるなど、貴重な体験をさせていただいています。ここですっきりと心が清められ、新たな気持ちで新しい年を迎えられると、皆さんからも好評をいただいています。

今出川　堅苦しい話をするわけではないけれど、それぞれに気づきがあり、ヒントになればと話をさせていただいています。毎年、想いのある方たちにお越しいただき、真剣に祈られている姿を見ていると、「依身より依所」を皆さんが分かっているようにも感じます。これは「おのずから住めば持戒のこの山は、まことなるかな 依身より依所」と言って、この比叡山は住んでいるだけでおのずから戒律を守ることができ、六根が清浄になるという意味です。つまり、比叡山に来るだけで、自分を律することができるということ。

すべての人に言えることですが、生きていれば人は知らず知らずのうちに罪をつくっています。だから生きていく中で、自分の生活といったん切り離して律することが大事なのですが、それをどこでするのか、その環境が最も重要だと最澄さまは言っています。

安藤さんのお仲間たちは、それを名古屋の街でするのではなく、比叡山に出向き、自分をリセットすることを自然とできる人たち。「依身より依所」を自然と分かっていらっしゃる方たちなのでしょう。ここに来ることに意味があると肌で感じていて、そういう想いでいらっしゃっているように思います。毎年ここでリセットされ、そしてまた自分の事業に邁進できる。そんな皆さんは本当に個性豊かで、信念をしっかりと持っていらっしゃいます。また皆さんにお会いできるのを楽しみにしています。

あとがき

――安定は情熱を殺し、不安こそが情熱を生む。

これはエミール・オーギュスト・シェルティエ・アランという、フランス哲学者の言葉です。二〇〇七年に僕は慢性白血病になりました。そして今でも定期的な通院をして新薬を飲み、闘病生活を続けています。講演先でこの話をすると、「病気には見えないですね」とよく言われます。またFacebookやYouTubeを見てくれていて「本当に安藤さんて元気だよね。悩みなんてなさそうだね」とも言われるのですが、そんなことはないのです。

安定することはもちろんいいことですが、安定することで現状に満足してしまえば、そこには情熱というものが生まれなくなります。病気のことや仕事のことなど、僕も実は不安や苦悩に押しつぶされそうになる時があるのです。けれど、そうしたことがあるから僕には情熱が生まれ、「今日もがんばります！」って言葉を伝え、毎日やっていけるではないかと思えるようになりました。そして本当に思うのは、「元気な人の周りには元気な人が集まる」という単純な法則の中で、僕の周りには、弱気にならず、決して社会や人のせいにせず、前を向いている経営者が多いということ。そうした人たちが元気を伝染させて元気がつながり、そこで新しいチャレンジが日々生まれてるんじゃないかと思います。

今、不安や苦悩で押しつぶされそうになって、目の前が見えずに毎日悩んでいる方もいるかと思いますが、ぜひこんな時こそ、自分の周りにいる元気な人と話をしてみてください。不安や苦悩こそが情熱を生むと信じて、周りの人と話をして、逆に周りの人を巻き込んで、自社の商品やサービスをブランド化していく動きをはじめてみませんか。元気をつくる仲間づくりをして、地域を、そして日本を元気にしていきましょう。そしてブランド道を突き進みましょう。僕も皆さんと共に日本を元気にするために、今日も明日もがんばります。皆さんも共にがんばりましょう。

DDR　BLDG　2021年完成

安藤　竜二

株式会社 DDR 代表取締役社長
叩き上げブランディングプロデューサー

1971 年 3 月愛知県岡崎市生まれ。高校卒業後、ロックスターを夢見て上京するが挫折、1993 年に岡崎の老舗木材会社「岡崎製材株式会社」に入社する。作業員からスタートして営業マンを経て商品企画、ブランド作りを実践から学んでいく。2003 年、社内ベンチャーで家具ブランド「大陸工房」を立ち上げ話題に。2004 年、中国上海にてデザインギャラリー「KOO」を立ち上げ中国国内のみならず、世界のメディアに取り上げらえる。2005 年、月間室内「次代をつくる 50 人」に選ばれる。
フリープロデューサーとして東京で店舗開発、ブランドプロデュースなどを手掛けた後、故郷岡崎に戻り、2006 年元気創造集団「株式会社 DDR」を設立。2007 年サムライ日本プロジェクトを立ち上げ話題に。2007 年、経済産業省の「地域中小企業サポーター」に委嘱。2011 年、月刊ビジネスチャンス「日本を変える起業家 100 名」に選ばれる。2016 年、岡崎市制 100 周年記念事業「赤い糸プロジェクト」のプロデュースを行う。著書には、「地元の逸品を世界に売り出す仕掛け方」ダイヤモンド社、「小さな会社と小さな自分を大きくする 51 のスキル」アスペクト、「地域企業から学ぶ未来に繋がるブランディング術」流行発信、「安藤竜二ブランドテキスト」スモールサン出版。FM AICHI「GLOVAL R-VISION」のメインパーソナリティーを務める。
現在、活動の幅を広げ、日本各地の中小企業、地域のブランド化に力を注ぎ、地域の元気を創造する事をライフワークとして活躍する。
株式会社 DDR　公式 HP　https://www.ddr38.com/

ブランド道　未来を切り開く30のブランディング実践例

2021 年 10 月 11 日　初版発行

著　者　　安藤　竜二
取材協力　　岡安　香織
タイトル書　　今出川　行戒（延暦寺一山　南楽坊住職）

発 行 所　　株式会社　三恵社
〒 462-0056 愛知県名古屋市北区中丸町 2-24-1
TEL 052-915-5211　FAX 052-915-5019
URL https://www.sankeisha.com

ISBN 978-4-86693-510-2